KB145106

해킹 입문자를 위한
TCP/IP 이론과 보안 2/e

해킹 입문자를 위한
TCP/IP 이론과 보안 2/e

모의 침투 입문자를 위한 필독서

오동진 지음

에이콘

에이콘출판의 기틀을 마련하신 故 정완재 선생님 (1935-2004)

| 추천의 글 |

2008년 어느 날, 컴퓨터 네트워크에 대한 전문성을 더 높이기 위해 네트워크 관리자 과정을 수강하러 갔다. 교육 담당자가 네트워크 강사라고 소개해준 다소 왜소한 체격에 안경을 쓴, 이 책의 저자이신 오동진 선생님의 첫인상은 사람들에게 친근하게 다가가려는 다소 편안한 모습이었다.

강의가 시작되자 선생님은 열정적인 전문가의 모습으로 네트워크에 대한 지식을 쏟아냈다. 그 첫 강의는 당시 네트워크와 해킹 관련 전문가를 꿈꾸며 느리지만 꾸준히 공부를 해왔던 나에게, 방대한 영역에 대한 내 지식의 미천함을 여실히 느끼게 해줬다.

선생님의 지식에 비해 내 지식의 깊이가 한없이 부족하게만 느껴진 결정적인 부분은 바로 강의 중반쯤 이뤄진 TCP/IP와 관련된 내용이었다. 정보처리기사 자격증을 따고 관련 자료를 읽기만 하는 수준이었던 나는 TCP/IP 한 개 계층만으로도 수 시간 이상 강의를 하며 그마저도 시간이 부족하다는 말씀에 소위 멘붕이 왔다.

내게는 쉽지 않은 강의였지만 오 선생님은 열정적으로 강의를 하셨고, 전국에서 모인 각 부처 네트워크 담당 공무원들은 열심히 강의를 들으며 질문과 답변을 수시로 주고받았다. 나는 열정적인 오 선생님의 모습에 깊은 감명을 받았고 강의가 끝난 후에도 모르는 부분을 여쭤봤다. 선생님은 언제나 친절하게 답해주셨다.

그런 오 선생님으로부터 이번에 새로 쓰신다는 TCP/IP 원고 초안을 받아보았다. 원고 구석구석에서 2008년 당시 수강생을 배려하고자 했던 오 선생님의 편안한 모습과 함께 자신의 지식을 조금이라도 더 전달하려는 열정적인 강의 모습이 보이는 듯했다.

입문자를 위한 책답게 세심한 배려가 돋보이는 이 책은 사이버 보안에 입문하려는 분들이라면 일독을 권하고 싶다.

이상현(서울 강북 경찰서)

오동진 선생님에게는 어려운 내용도 쉽게 설명해주는 능력이 있다. TCP/IP는 우리가 쓰는 인터넷의 가장 기본이 되는 프로토콜인 만큼 개발을 공부하지 않아도, 전산 분야 입문자나 근무자 또는 해커 지망생이라면 꼭 알아야 하는 내용이다. 오 선생님은 이 책을 통해 TCP/IP를 알기 쉽게 설명해주고 있다.

많은 분들에게 이 책이 TCP/IP 이론과 보안을 좀 더 체계적으로 이해하고 실무에서 적극적으로 활용할 수 있는 계기가 됐으면 한다.

박찬규(한국 지역 정보 개발원)

어릴 적 내게 컴퓨터는 그저 게임기에 불과했다. 매일 같이 혼자서 열심히 벽돌깨기나 즐기는 것이 인생의 낙이었다. 초등학교를 다닐 무렵에는 인터넷이 보급되기 시작하면서 〈스타크래프트〉 열풍이 불었다. 이 게임은 신기하게도 혼자서 하는 게 아니었다. 내가 캐릭터를 움직이면 친구의 컴퓨터에서 내 움직임이 그대로 관찰됐다. 내 컴퓨터와 저 멀리에 있는 친구의 컴퓨터가 연결된다는 사실은 큰 충격으로 다가왔다. 도대체 컴퓨터 안에서 무슨 일이 벌어졌던 것일까? 그것은 일명 네트워크라는 개념으로 그때부터 아이들은 이미 자신도 모르는 사이 IPX/UDP 통신을 접했던 것이다.

요즘은 인터넷이 되지 않는 환경을 상상조차 하기 힘들다. 네트워크에 연결되지 않은 PC로는 원활한 업무를 하기 어렵다. 스마트폰을 통해서라도 기어코 인터넷에 접속해 필요한 정보를 검색하며 살아가는 것이 오늘날의 일상이다. 게다가 IoT(사물 인터넷)라는 개념까지 등장하며 미래에는 정말 모든 장치들이 하나로 연결된 거대한 네트워크가 전 세계적으로 구축될 것이라 전망된다.

그렇다면 보안 관점에서는 어떨까? 공격자는 시스템 내부로 침투하기 위한 가장 효과적인 방법으로 네트워크를 선택할 것이다. 실제로도 많은 악성 코드는 인터넷을 통해 빠르게 확산되며, 하나의 PC를 감염시킨 후에는 자신 주변의 네트워크를 검색해 똑같이 전파하는 아주 악질적인 수법을 자행하고 있다. 따라서 여러분이 정보 보안에 첫걸음을 내딛을 때 반드시 네트워크 이론을 정복해야 한다고 강조하고 싶다.

그런 의미에서 오동진 선생님의 책은 여러분을 쉽고 빠르게 안내할 것이다. 존경하는 오 선생님은 필력이 정말 탁월하신 분이시다. TCP와 UDP를 햄릿과 돈키호테로 비유하는 등의 재치 있는 설명 덕분에 독자 여러분이 두 개념을 헷갈리는 일은 절대 없을 것이다. 시중의 다른 책처럼 어려워 보이는 리눅스의 문을 두들겨야 한다는 막연한 두려움은 갖지 않아도 된다! 이 책에서는 모두에게 친숙한 MS Windows 7 환경을 기준으로 설명하고 있다. 명령어 입력을 차근차근 따라 해보면서 책의 마지막까지 돌파하길 기원한다.

박재유(모의 침투 연구회 운영진)

| 지은이 소개 |

오동진(ohdongjin1968@gmail.com)

서울에서 태어나 인천대학교(구 인천전문대학) 일어과와 경희 사이버대학교 정보 통신학과를 졸업하고 한국외국어대학교 교육 대학원에서 전산 교육학 석사를 취득했다.

약 9년 동안 한국통신^{KT}과 하이텔^{HiTEL} 등에서 근무하며 다양한 행정 처리와 정보 기술 환경을 경험했다. 사무 처리와 관련해 한자 능력 2급 등을 취득했고, 정보 기술과 관련해 정보 처리산업기사와 CCNA/CCNP 등과 같은 자격증을 취득했다. 또한 교원 2급 자격증과 직업 능력 개발 훈련 교사 3급 자격증 등을 취득했다.

2004년부터 현재까지 국가공무원인재개발원과 서울시인재개발원 등에서 정보 보안 기사 자격증과 모의 침투 분야 등을 강의 중이다. 지난 2016년 경찰인재개발원(구 경찰 교육원)에서 우수 외래 강사로 감사장을 받았다. 사이버 보안 중 다양한 모의 침투 운영 체제와 사회공학 등에 특히 관심이 많다.

강의가 없을 때는 문학, 사학, 철학, 그리고 국가 정보학을 다룬 책을 읽는다. 이와 관련해, 페이스북에서 모의 침투 연구회(www.facebook.com/groups/metasploits)와 사이버 안보 연구회(www.facebook.com/groups/koreancyberwar) 등을 개설해 활동 중이다.

저서로는 에이콘출판사에서 출간한 『칼리 리눅스 입문자를 위한 메타스플로잇 중심의 모의 침투』(2015), 『백박스 리눅스를 활용한 모의 침투』(2017), 『해커의 언어 파이썬 3

입문』(2018), 『소켓 개발 입문자를 위한 백박스 기반의 파이썬 2.7』(2016) 등이 있고, 공저로는『데비안 리눅스 활용과 보안』(2017), 『우분투 리눅스 기반의 IDS/IPS 설치와 운영』(2018) 등이 있다.

국가 기관에서 정보 보안 분야를 강의한 지도 어느덧 15년 이상 흘렀다. 강의를 할 때마다 언제나 느끼는 것이지만 TCP/IP 이론과 보안은 오랜 시간이 지나도 정보 보안 분야에서 매우 중요하다. 전투 경험이 많은 장군일수록 경례 자세를 가장 중요하게 여기는 것처럼, 정보 보안에 대한 지식의 깊이가 깊어질수록 다시금 뒤돌아 보면서 기본을 되새기는 분야가 바로 TCP/IP 이론과 보안이다. 더불어 내가 가장 애착을 느끼고 가장 자신 있게 강의할 수 있는 분야이기도 하다.

2판에서는 1판이 출간된 이후 발견된 오탈자와 오류 내용을 모두 수정했다. 또한 1판에서 중간중간 소개했던 파이썬 내용은 모두 생략했다. 이미 파이썬에 대한 좋은 책들이 시중에 넘치기 때문이다. 그런 만큼 처음부터 끝까지 TCP/IP 이론과 보안에만 집중해서 읽어주면 좋겠다.

2판도 1판과 마찬가지로 윈도우 운영체제를 기반으로 TCP/IP 네트워크 전반을 설명한 뒤 TCP/IP 프로토콜을 계층별 데이터 전송 단위 중심으로 각 계층의 기능과 특징을 설명했다. 또한 TCP/IP 프로토콜 구성과 동작을 기반으로 TCP/IP 네트워크의 취약점과 다양한 공격 유형을 설명했다. 그런 만큼 반드시 1장부터 순서대로 읽기를 바란다. 특히 사이버 보안에 처음 뛰어들었다면 이 책의 서문부터 꼭 읽어 줬으면 좋겠다.

아무쪼록 이 책이 모의 침투 입문자에게 작은 도움이라도 된다면 나에게는 더할 나위 없을 기쁨이겠다.

雖不足藏之名山 庶無使墁之醬瓿

(비록 명산에 비장할 바는 아니오나 간장 항아리 덮개만으로는 쓰지 말아 주시옵소서)

김부식의 《삼국사기(三國史記)》 서문에서

| 1판 서문 |

지금으로부터 15년 전, 그러니까 30대 중반에 접어들 당시 하이텔 근무를 시작하면서 TCP/IP 분야를 처음 접했다. 그 전까지는 사실상 TCP/IP 분야에 무지한 상태였다. 어문을 전공했기에 TCP/IP 분야는 물론, 전산 일반에 대해서도 무지했다. 그뿐 아니라, 한국통신에 근무할 당시에도 영업부 직원으로 있었기 때문에 TCP/IP는 교육을 통해 지나가는 이야기로만 들었을 뿐 실제 내 생활과는 아주 거리가 먼 내용이기도 했다.

30대 중반에야 비로소 생전 처음 TCP/IP에 기반한 라우팅과 스위칭 등을 접했던 나로서는 아주 곤혹스럽기도 했지만, 하이텔 근무 환경을 좋아했던 탓인지 몰라도 TCP/IP 분야를 열심히 배우고 익혔다. 그야말로 백지 상태에서 시작한 TCP/IP 분야이지만 이후 이를 계기로 CCNA/CCNP 자격증까지 취득했고 CCNA/CCNP 강사로도 생활할 수 있었다. 이후 국가공무원인재개발원과 서울시인재개발원 등으로 출강했는데, 정보보안기사와 모의 침투 분야 등을 강의하는 데 있어 하이텔에서 배우고 익혔던 TCP/IP 이론은 아주 중요한 밑거름이었다. 이러한 성장 과정을 통해 나는 자연스럽게 사이버 보안의 출발점이 TCP/IP 분야일 수밖에 없음을 뼛속 깊이 체득할 수 있었다.

전산직 공무원을 대상으로 10년 이상 전산 보안 분야를 강의하면서 그분들이 이 분야를 어려워하는 이유를 많이 고민했다. 고민 끝에 전산 시스템 근간을 이루는 TCP/IP 분야부터 시작하지 않았기 때문이라는 결론을 내렸다. 이것은 전산 보안 문외한이었던 내가 TCP/IP 분야부터 시작해 오늘날과 같은 자리에 설 수 있었던 성장 과정을 뒤돌아볼 수 있는 계기였다. 동시에 이 책을 집필해야겠다고 결심한 이유이기도 했다.

이 책은 사이버 보안 분야에 처음 입문하는 사람, 대학교와 대학원 등에서 TCP/IP 과목을 배우는 사람, TCP/IP 구조를 체계적으로 정리하고자 하는 사람, 정보 보안 기사를 준비하는 사람, 네트워크 보안을 구축하는 데 기초가 부족한 사람, 현업 전산망에 대한 보안 점검 항목이 필요한 사람, 소켓 개발을 시작하는 사람을 대상으로 집필했다.

15년 전, TCP/IP 분야에 대한 백지 상태였던 나를 염두에 두고 이 책을 집필했다. 윈도우 명령 프롬프트 창에서 IP 주소를 확인하는 내용부터 TCP/IP 이론을 시작한 이유다. 누구든지 태어날 때부터 전문가로 태어나진 않는다. 무수한 시행착오와 나선과도 같은 반복적 경험을 통해 해당 분야의 정점에 올라갈 수 있다. 이런 학습 과정이야말로 입문자에게 가장 좋은 접근법이라고 믿기 때문에 이 책 역시 어렵고 까다롭다고 생각하는 부분을 자주 반복해 설명한다. 그렇지만 단순히 물레방아 쳇바퀴 돌 듯 똑같은 내용을 그저 반복한 것이 아니다. 반복할 때마다 새로운 내용을 추가해 또 다른 각도에서 대상을 해석할 수 있도록 함으로서 지식의 수위를 높이는 방향으로 이끌었다.

일례로 LAN 영역을 정의하면서 네트워크 ID 측면에 따라 정의할 수 있음을 보였고, 스위칭 통신을 적용해 내부 통신이란 측면에서도 정의할 수 있음을 보였으며, ARP 영역에 따라 정의할 수 있음을 보였다.

TCP/IP 구조에 대한 설명 역시 마찬가지다. TCP/IP 전체 내용을 다룬 뒤 각 계층별로 해당 이론을 설명했고, 다시 취약점 측면에서 각 계층별로 해당 공격을 설명했다. 이처럼 동일한 내용을 다양한 관점에 따라 각도를 비틀어가며 반복적으로 설명하면서 이론의 깊이를 더하는 방식으로 TCP/IP 분야 전반을 설명했다.

이런 서술은 앞에서 이미 밝힌 바와 같이, 문외한이었던 내가 오늘날과 같은 자리에 설 수 있었던 성장 과정을 투영한 방식이기도 하지만, 그동안 현장에서 전산직 공무원을 대상으로 수행했던 일련의 강의를 통해 터득한 강의 기법이기도 하다.

더불어 얼마 전부터 전 세계적으로 코딩 교육을 강화하는 추세를 일부 반영했다. 서울의 모 대학교에서는 모든 재학생에게 컴퓨터 프로그래밍 교육을 의무적으로 이수하게 했다. 오는 2018년부터 소프트웨어 과목을 강화한다는 발표도 나왔다. 이런 상황에서 가장 각광받고 있는 언어가 바로 파이썬이다. 현 추세를 고려하면 파이썬 언어의 위상은 더욱 높아질 전망이다. 그런 만큼 앞으로는 파이썬 언어를 자주 접할 수밖에 없다.

이 책에서 각 장마다 파이썬 언어를 소개한 이유이기도 하지만, 진정한 이유는 해커에게 가장 유용한 언어이기 때문이다. 이미 상당 정도의 모의 침투 도구가 파이썬 언어로 이루어졌다. 나는 이 책을 구상할 때부터 해커 입문자를 염두에 두고 집필했다. 그래서 파이썬 언어가 왜 해커 입문자에게 가장 좋은가를 보여주기 위해 파이썬 언어 내용을 넣었다. 동시에 파이썬 기반의 소켓 내용을 소개함으로서 TCP/IP 프로토콜을 단순히 수동적으로만 이해하고 사용하는 수준이 아니라 자신의 의지를 담아 TCP/IP 프로토콜을 능동적으로도 사용할 수 있음을 보여주고자 했다. 파이썬 언어 입문서가 아니기 때문에 기초부터 차례대로 소개한 내용은 아니다. 그렇지만 조금씩 따라 하다 보면 사이버 보안에서 왜 파이썬 언어가 유용한가를 느낄 수 있다. 이 책이 파이썬 언어에 대한 관심을 더욱 높일 수 있는 계기가 되어준다면 내가 의도했던 바는 충분히 이루었다고 생각한다.

『칼리 리눅스 입문자를 위한 메타스플로잇 중심의 모의 침투』라는 책을 집필할 당시는 한여름이었다. 이 책을 집필하는 지금은 한겨울이다. 더위에 늘어졌던 몸이 이제는 추위 때문에 오그라들었다. 처음 작품을 집필할 때도 오탈자만큼은 사력을 다해 막으려고 했지만 결국 오탈자가 나오고 말았다. 실습과 직접 관련이 있는 내용인 만큼 나로서는 매우 가슴 아픈 일이었다. 이제 전작의 실수를 반복하지 않으려고 다시금 노력했다. 나의 이러한 간절한 염원만이라도 이해해주기 바라며 너무 심하지 않게 질책해주길 바랄 뿐이다.

| 감사의 글 |

天將降大任瘀是人 必先苦其心志 勞其筋骨 餓基體膚 空乏基身 行拂亂
基所爲 是故動心忍性 增益基所不能

(하늘이 장차 어떤 사람에게 큰일을 맡기려 할 때는 먼저 그 마음과 뜻을 흔들어 고통
스럽게 하고, 뼈마디가 꺾어지는 고난을 당하게 하며, 그의 몸을 굶주리게도 하고, 그
생활을 빈궁에 빠뜨려 하는 일마다 어지럽게 하니 이는 그의 마음을 두들겨서 참을성
을 길러주어 지금까지 할 수 없었던 일도 할 수 있게 하기 위함이다)

《孟子(맹자)》의 고자하(告子下) 편에서

부모님에 대한 감사를 어떻게 알량한 필설로 전할 수 있겠는가? 김만중金萬重 선생이
어머니를 위해 《구운몽九雲夢》을 집필한 심정으로 나의 아버지와 어머니께 이 책을 바
친다.

나의 책을 다시 한번 멋있게 완성해 주신 에이콘출판사의 모든 직원분들께도 진심으로
감사드린다. 이 분들이야말로 내 책을 가장 많이 다듬어주신 분들이다.

국가공무원인재개발원의 손영주 선생님과 김지훈 선생님께 감사의 마음을 전한다. 두
분은 내가 국가공무원인재개발원에서 다양한 분야를 강의할 수 있도록 매번 배려와 관
심을 보내주신다.

경찰인재개발원의 최권훈 교수님께 감사의 마음을 전한다. 최 교수님께서는 내가 강사
생활하면서 난생 처음 감사장이라는 것을 받을 수 있게 해주신 분이다. 언제나 감사하
게 생각한다.

한국지역정보개발원의 박찬규 선생님과 강정은 선생님께 머리 숙여 진심으로 감사의 마음을 전한다. 특히 한국지역정보개발원은 내가 더욱 노력하는 강사로 태어날 수 있게 언제나 기회를 주는 곳이다.

서울 강북경찰서 생활안전과에 계시는 이상현 과장님과는 지난 2008년경 중앙공무원 교육원에서 강사와 수강생으로 처음 만나 지금까지도 자주 술잔을 나눈다. 나처럼 성룡(成龍)의 최고 작품을 〈폴리스 스토리〉라고 생각하시는 분이기도 하다. 대한민국이 아직까지도 희망적인 이유는 바로 이런 분들이 공직에 계시기 때문이라고 생각한다. 언제나 변함없는 감사와 존경의 마음을 전하고자 한다.

중국 대한민국 대사관에서 근무하시는 안영일 과장님은 이상현 과장님의 경찰 대학 선배다. 지난 2018년 11월 2박 3일 동안 이 과장님과 같이 북경을 방문했을 때 입국부터 출국까지 늘 우리 곁에 계시면서 모든 안내와 편의를 베풀어주셨다. 그 덕분에 아무런 불편함을 느끼지 않고 북경 여행을 무사히 마칠 수 있었다. 지면을 통해 다시 한번 감사의 마음을 전하고자 한다.

이 밖에 이 책이 나오도록 많은 관심과 격려를 보내주신 모든 분께 머리 숙여 진심으로 감사드린다.

마지막으로 이 책을 읽고 계신 독자 여러분께 진심으로 감사드린다. 독자 여러분 앞에 아직도 많이 부족한 내 이름을 올릴 수 있어 무한한 영광으로 생각한다.

| 차례 |

사이버 보안의 대상이 전산 시스템인 만큼 전산 시스템 전반을 학습할 필요가 있다. 전산 시스템에서 가장 하위 계층에 속하는 분야가 TCP/IP 이론이다. 내가 TCP/IP 이론을 보안 학습의 출발점으로 간주하는 이유다. 이 책은 이런 점을 염두에 두고 집필했다.

TCP/IP 네트워크 기반으로 서버와 클라이언트를 구축할 수 있다. 따라서 TCP/IP 네트워크 분야를 이해했다면 운영체제, 그 중에서도 서버 운영체제에 대한 학습이 필요하다. 그중 데비안 운영체제를 강력하게 추천한다. 데비안은 우분투의 모태를 이루는 운영체제이기도 하지만 칼리의 기반이기도 하다. 데비안 운영체제를 통해 TCP/IP 응용 계층에 속하는 주요 서비스를 설치, 설정하는 과정에서 운영체제의 명령어와 기능뿐 아니라 해당 서비스에서 요구하는 다양한 보안 설정 내용을 익힐 수 있다. 나의 공저 『데비안 리눅스 활용과 보안』은 이런 점을 염두에 두고 집필했다.

응용 서비스 중에서도 특히 웹 서비스에 대해 심도 깊은 학습을 권장한다. 웹을 통해 HTML과 CSS는 물론, 자바스크립트 언어와 PHP 언어 등을 학습하는 과정에서 사이버 보안을 더욱 깊게 이해할 수 있다.

다음으로 MY-SQL 등과 같은 DBMS에 대한 학습을 권하고자 한다. 왜냐하면 전산 시스템을 구축하는 절대적 이유이면서 동시에 공격자들이 궁극적으로 획득하고자 하는 정보를 DBMS에 저장하기 때문이다. 따라서 DBMS의 속성과 취약점 등을 자세히 분석할 필요가 있다.

사실 TCP/IP 이론·서버 운영체제·DBMS는 해커를 희망하는 사람에게는 교양 과목과도 같은 분야다. 그런 만큼 해킹 입문자가 TCP/IP 이론부터 단계적으로 밟고 올라온다면 소기의 성과를 이룰 수 있다고 확신한다.

또한 컴퓨터 언어 한 가지 이상은 꼭 익혀두기 바란다. 개발자가 아닌 이상 사이버 보안을 수행하면서 컴퓨터 언어가 결정적인 것은 아니지만 필요한 도구임에는 분명하다. 개인적으로는 파이썬 언어를 강력히 추천한다. 파이썬 언어는 연습을 위한 목검의 속성과 실전을 위한 진검의 속성 모두를 가진 탁월한 언어다. 나의 졸고 『해커의 언어 파이썬 3 입문』과 『소켓 개발 입문자를 위한 백박스 기반의 파이썬 2.7』 등은 이런 점을 염두에 두고 집필한 책이다. 파이썬 언어가 부담스럽다면 웹 분야를 통해 접한 자바스크립트나 PHP 등과 같은 언어라도 꾸준히 익히기 바란다.

이러한 기본기를 어느 정도 체득했다면 이제 자신에게 가장 적합한 분야가 무엇인지 고민하기 바란다. 전산학에도 다양한 분야가 있는 것처럼 정보 보호학에도 다양한 분야가 있다. 개인적으로 모의 침투와 사회공학에 많은 관심을 기울이고 있다. 『칼리 리눅스 입문자를 위한 메타스플로잇 중심의 모의 침투』와 『백박스 리눅스를 활용한 모의 침투』 등은 이런 점을 염두에 두고 집필한 책이다.

끝으로 해킹 기법을 배우면서 올바른 국가 가치관도 확립하길 바란다. 최근 해킹은 단순히 사이버 공간의 문제로만 끝나는 것이 아니다. 미국은 이미 오래 전부터 사이버 공간을 주요 전장으로 설정했다. 사이버 기술이 국가 질서의 붕괴로 이어질 수 있다는 현실을 반영한 조치다.

단재 신채호申采浩 선생은 '역사와 애국심'(1908)이란 기사를 통해 역사란 애국심의 원천이라고 했다. 나는 이제 사이버 기술은 사회 안전의 원천이라고 감히 말하고 싶다. 북한의 대남 사이버 공격이 빈번하게 일어나는 작금의 현실에서 사이버 역량은 단순히 지적 탐구 영역에 머무는 것이 아니라 국가 방위 수단으로까지 작용하기 때문이다.

아무쪼록 해킹이라는 멋진 기술을 자신의 소중한 지적 재산을 보호하면서 사회 공동체 발전을 위해 올바르게 사용할 수 있기를 진심으로 기원하면서 나는 이 책의 본문 내용을 다음과 같이 구성했다.

이 책의 구성

1장, IP 주소·서브넷 마스크·기본 게이트웨이의 의미

IP 주소에는 클래스라는 개념이 있고 서브넷 마스크라는 기능을 이용해 IP 주소를 네트워크 ID와 호스트 ID로 구분하는 내용을 설명한다. 또한 인터넷 공간으로 나가기 위한 관문에 해당하는 게이트웨이(라우터) 개념을 설명한다. 아울러 네트워크 ID와 호스트 ID 구분에 따라 LAN 영역에 대한 개념과 네트워크 ID의 개념과 라우터가 수행하는 라우팅 개념도 설명한다.

2장, DCHP 서비스·DNS 서비스·물리적 주소의 의미

DCHP 서비스와 DNS 서비스에 대한 개념을 설명한다. 간단하게나마 LAN 영역에서 사용하는 스위칭 동작(14장에서 좀 더 자세히 설명한다)을 설명하고 물리적 주소, 다시 말해 맥 주소 전반에 대해 설명하면서 이더넷 종류를 설명한다. 이더넷 종류와 관련해 IEEE 802 내용을 상세히 소개한다.

3장, ARP 캐시 테이블의 이해

ARP 캐시 테이블에 기반해 IP 주소와 맥 주소 사이를 연결해 주는 ARP 기능을 설명한다(11장에서 좀 더 자세히 설명한다). 또한 ARP 요청·응답 과정에서 목적지 맥 주소를 구하는 일련의 과정을 설명하고 LAN 영역을 네트워크 ID 관점·맥 주소 관점·ARP 영역 관점에서 각각 설명한다.

4장, DNS 캐시 테이블의 이해

DNS 캐시 테이블을 기반으로 2장에서 다룬 DNS 서비스 동작 과정을 3단계에 걸쳐 좀 더 구체적으로 설명한다. 또한 ARP 캐시 테이블과 DNS 캐시 테이블에 기반해 각각 ARP 스푸핑 공격(14장에서 좀 더 자세히 설명한다)과 DNS 스푸핑 공격 개념을 간략하게 설명한다.

5장, UDP 방식과 TCP 방식

버퍼링 기능 유무에 따라 UDP 방식·TCP 방식의 차이점, 그리고 TCP 방식에서 수행하는 3단계 연결 설정3-Way Handshaking·3/4단계 연결 종료3/4-Way Terminating를 설명한다. 또한 netstat -n 명령어를 통해 포트 번호(8장에서 좀 더 자세히 설명한다)에 대한 개념을 간략히 설명하며, 주요한 포트 번호를 제시한다.

6장, 데이터 전송 단위

운영체제가 데이터를 송신할 경우 발생하는 다양한 데이터 전송 단위의 변화 과정을 편지지(페이로드)와 편지 봉투(헤더)를 예로 들어 설명한다.

7장, TCP/IP 방식의 계층적 구조

6장에서 정리한 데이터 전송 단위에 입각해 TCP/IP 방식에서 계층의 의미와 구조 등을 설명한다. 또한 OSI 방식이 등장한 배경도 간단하게 설명한다.

8장, TCP/IP 방식의 응용 계층

TCP/IP 방식의 응용 계층에서 수행하는 기능을 설명한다. 또한 TCP/IP 방식의 구조에 따라 5장에 이어 포트 번호에 대해 좀 더 명확하게 설명하고, 포트 스캔(15장에서 좀 더 자세히 설명한다)에 대한 개념도 설명한다.

9장, TCP/IP 방식의 전송 계층

5장에서 정리한 UDP 방식과 TCP 방식을 각각의 헤더 구조를 통해 좀 더 상세히 설명한다. 특히 TCP 헤더에서 사용하는 일련 번호 항목·확인 번호 항목·윈도우 항목 등은 TCP 방식이 버퍼링에 기반해 수행하는 일련의 제어라는 관점에서 설명한다.

10장, TCP/IP 방식의 네트워크 계층

IP 헤더에서 사용하는 각 항목의 기능을 상세히 다룬다. 또한 1장에서 누락한 사설 IP 주소와 NAT 기능 등을 설명한다. 끝으로 ping과 tracert 명령어를 통해 ICMP 방식의 개념을 살펴본다.

11장, TCP/IP 방식의 데이터 링크 계층

3장에서 소개한 ARP 요청·응답 과정을 ARP 헤더를 이용해 좀 더 상세히 설명한다. 또한 LAN 영역과 WAN 영역에서 사용하는 주요 프로토콜의 종류를 제시한다.

12장, TCP/IP 방식의 물리 계층

지금까지 단편적으로 언급했던 허브·스위치·라우터를 TCP/IP 계층에 따라 분류하고 그에 따른 동작 방식을 설명한다. 또한 개념적으로 스위칭 테이블과 라우팅 테이블의 구조를 설명한다.

13장, TCP/IP 방식에 따른 완전한 전송 과정

1장부터 12장까지 다뤘던 모든 내용을 기반으로 TCP/IP 방식에 따른 일련의 송신과 수신 과정을 설명한다. 전체 내용 중 가장 핵심적인 장이다.

14장, LAN/WAN 영역의 개념적 이해

지금까지 다뤘던 LAN/WAN 영역에 대한 개념적 이해를 총정리하면서 LAN 카드와 스위치의 동작을 상세히 설명하고, VLAN 개념을 소개하면서 서브넷 기법을 자세히 알아본다. 또한 WAN 영역의 프레임 헤더 구조와 라우팅 알고리즘 등도 자세히 살펴본다.

15장, TCP/IP 네트워크 공격 유형

8장에서 간략하게 언급했던 포트 스캔과 관련해 TCP Full Open 스캔 기법과 TCP Half Open 스캔 기법 등과 같은 주요한 포트 스캔 유형을 설명한다. 또한 스푸핑 공격과 플러딩 공격 등 TCP/IP 네트워크에서 나타날 수 있는 공격 유형을 설명한다.

16장, TCP/IP 방식의 계층별 취약점에 기반한 공격 유형

TCP/IP 방식의 데이터 링크 계층부터 응용 계층까지 나타나는 다양한 공격 유형을 설명한다. 응용 계층에서 수행하는 공격 유형은 서버에서 확인해야 할 내용이기 때문에 웹 플러딩 공격에만 국한해 설명한다.

17장, 보안 알고리즘

기밀성 보안 알고리즘과 관련해 대칭 암호 구조와 비대칭 암호 구조에서 사용하는 열쇠와 문제점 등을 설명했다. 또한 무결성 보안 알고리즘과 관련해 요약 함수와 전자 서명을 알아본다.

18장, VPN 개념

SSL/TLS VPN 기법과 IPSec VPN 기법 등을 중심으로 TCP/IP 방식의 계층적 구조에 따라 VPN 개념을 설명한다.

19장, 보안 장비에 대한 이해

방화벽에서 제공하는 ACL 방식을 기반으로 방화벽의 기본 원리를 TCP/IP 기반의 공격 방어 설정을 예로 들어 설명한다. 또한 침입 탐지 장비[IDS]와 침입 방지 장비[IPS]에 대한 개요를 설명했다.

20장, OSI 참조 모형과 IPv6 헤더의 이해

OSI 참조 모형의 개념과 IPv6 헤더의 항목을 설명한다. 본문의 내용을 충분히 소화한 뒤 읽어보기 바란다.

독자 의견과 정오표

이 책을 읽으며 의견이나 질문, 오탈자가 있다면 저자 이메일(ohdongjin1968@gmail.com)로 연락하거나 에이콘출판사 편집 팀(editor@acornpub.co.kr)으로 문의해주기 바란다. 정오표는 에이콘출판사 도서 정보 페이지 http://www.acornpub.co.kr/book/hacking-tcpip2에서 확인할 수 있다.

1

IP 주소·서브넷 마스크·
기본 게이트웨이의 의미

내가 사용하는 운영체제는 **32비트 기반의 윈도우 7 얼티메이트 버전**이다. 이후 윈도우 7 에서 수행하는 모든 작업은 **관리자**^{administrator} **계정을 이용**하겠다. 또한 나의 데스크톱 PC는 **무선 공유기와 연결한 상태**다. 무선 공유기는 집선 장치의 기능뿐만 아니라 다양한 기능을 수행하는 만능 장치다. 참고로 내가 사용하는 무선 공유기는 ipTIME N6004R 이란 기종이다.

이제 **명령 프롬프트**^{command prompt} 창을 실행한다. 여러분은 명령 프롬프트 사용에 익숙해야 한다. 실행창에서 cmd 명령어를 입력하거나 보조 프로그램 부분에서 명령 프롬프트 항목을 클릭하면 해당 창을 실행할 수 있다. 가급적 바탕화면에 **바로가기**를 생성해 사용하기 바란다.

명령 프롬프트 창의 개념이나 의미를 모르면 구글 사이트에 접속해 **'명령 프롬프트'** 또는 **'명령 프롬프트 명령어'**라는 검색어를 입력해보자. 지금까지 그래픽 환경에서만 윈도우를 사용한 사람에게는 명령 프롬프트 창이 생소할 수 있다. 어렵다는 생각보다는

4차원의 세계로 들어가는 어느 만화 영화의 주인공처럼 또 다른 사이버 세상으로 들어가기 위한 창이며 열쇠라고 생각해주기 바란다. 처음에만 생소할 뿐 결코 어려운 내용이 아니다.

망망대해로 비유하는 인터넷 공간에서 여러분이 원하는 웹사이트에 어떻게 도달할 수 있을까? 반대로 해당 사이트에서는 자신의 PC로 어떻게 정보를 전송해줄 수 있을까? 이러한 궁금증을 풀기 위한 도구가 바로 명령 프롬프트 창이다.

명령 프롬프트 창에 ipconfig 명령어를 입력한다. 명령 프롬프트 창을 처음 사용하는 사람에게는 **입력 오타가 자주 발생**한다. **철자가 정확한지 확인**하면서 해당 명령어를 입력한다.

```
C:\Users\Administrator>ipconfig

Windows IP 구성

이더넷 어댑터 로컬 영역 연결:

연결별 DNS 접미사. . . . :
링크-로컬 IPv6 주소 . . . . : fe80::e01f:b60:2bf0:be20%10
IPv4 주소 . . . . . . . . . : 192.168.0.13
서브넷 마스크 . . . . . . . : 255.255.255.0
기본 게이트웨이 . . . . . . : 192.168.0.1
```

예제 1-1

예제 1-1의 출력 결과 중 1장에서 필요한 내용만을 다시 정리하면 예제 1-2와 같다.

```
이더넷 어댑터 로컬 영역 연결
IPv4 주소      192.168.0.13
서브넷 마스크   255.255.255.0
기본 게이트웨이  192.168.0.1
```

예제 1-2

먼저 '이더넷 어댑터 로컬 영역 연결'에서 **이더넷 어댑터**^{Ethernet Adapter} 란 PC에서 사용하는 LAN 카드를 의미한다. LAN 카드를 NIC^{Network Interface Controller}라고도 한다. LAN 카드가 2개 있는 경우 '이더넷 어댑터 로컬 영역 연결 2'와 같은 내용이 추가로 생긴다. 또한 **이더넷**^{Ethernet}이란 **LAN 영역에서 사용하는 통신 기술** 중 하나로 현재 LAN 영역에서 **사실상 표준**^{De Facto Standard} 방식이다.

LAN 영역의 의미를 모르면 NIC나 이더넷의 의미를 정확히 이해할 수 없다. 일단 **이더넷 어댑터는 LAN 카드를 의미**하고, **이더넷은 LAN 영역에서 사용하는 통신 기술을 의미**한다는 점을 기억해주기 바란다. 다시 말해, **이더넷 어댑터란 이더넷 방식의 LAN 영역에서 사용하는 NIC 장치를 의미**한다(좀 더 자세한 내용은 2장에서 설명하겠다).

다음으로 'IPv4 주소'가 192.168.0.13이라고 나오는 부분이다. 흔히 **IP 주소**라고 부른다. 이후 특별한 경우가 아니라면 **IP 주소는 IPv4 주소를 의미**한다.

IP 주소의 범위는 0부터 255까지, 다시 말해 **0.0.0.0**번부터 **255.255.255.255**번까지 **총 32비트**로 이뤄진 체계다(따라서 사용 가능한 경우의 수는 2^{32}개다). 10진수 0.0.0.0을 2진수로 바꾸면 **0000 0000.0000 0000.0000 0000.0000 0000**이고, 10진수 255.255.255.255를 2진수로 바꾸면 **1111 1111.1111 1111.1111 1111.1111 1111**이기 때문이다. 진법 변환이 힘들다면 윈도우 운영체제에서 제공하는 계산기 기능을 이용하기 바란다. 그렇지만 이왕이면 10진수에서 2진수로 변환하는 방법과 2진수에서 10진수로 변환하는 방법을 익혀두기 바란다. IP 주소에서 자주 필요한 산술이기 때문이다. 참고로 IPv6 주소는 **총 128비트**로 이뤄졌다(따라서 사용 가능한 경우의 수는 2^{128}개다).

IP^{Internet Protocol} 주소는 인터넷 공간에서 호스트가 사용하는 **고유한 논리 식별자**를 의미한다. 뒤에서 더 정확히 설명하겠지만 여기서는 192.168.0.13번 IP 주소를 **인터넷 공간에서 자기 PC를 유일하게 구별하기 위한 식별자**로 간주해주기 바란다. 또한 **자기 PC에서 사용하는 IP 주소**는 데이터를 송신하는 주체이기 때문에 **출발지 IP 주소에 해당**한다. 따라서 자기 PC에 설정한 IP 주소를 단순히 자기 IP 주소라고 부르기보다는 출발지 IP

주소라고 부르는 편이 더욱 타당하다. 이제부터 **자기 PC에서 사용하는 IP 주소는 출발지 IP 주소라고 간주**하기 바란다.

한편, 192.168.0.13번 IP 주소에서 첫 번째 자리가 192번으로 시작하는 경우 C 클래스에 속한다고 말한다. 다시 말해 주어진 IP 주소의 첫 번째 자리에 1~126번에 속하는 숫자가 있을 때 해당 IP 주소를 **A 클래스**라고 하며, 128~191번에 속하는 숫자가 있을 때 **B 클래스**라고 한다. 192~223번에 속하는 숫자가 있을 때는 **C 클래스**라고 한다. 이를 정리하면 표 1-1과 같다.

표 1-1

구분	IP 주소의 첫 번째 자리 범위
A 클래스(Class A)	1~126
B 클래스(Class B)	128~191
C 클래스(Class C)	192~223

0.0.0.0번부터 255.255.255.255번까지에 해당하는 전체 IP 주소 중 표 1-1에 제시한 내용만 생각하고, **D 클래스와 E 클래스**는 논외로 하자.

그렇다면 **8.8.8.8번 IP 주소**는 무슨 클래스에 속하는가? A 클래스다! **168.126.63.1번** IP 주소는 무슨 클래스에 속하는가? B 클래스다! 8.8.8.8번과 168.126.63.1번 IP 주소는 각각 구글과 KT에서 제공하는 **DNS 서버의 IP 주소**이기도 하다. DNS 개념은 아직 몰라도 상관이 없다(좀 더 자세한 내용은 2장에서 설명하겠다). 그렇지만 8.8.8.8번과 168.126.63.1번은 기억해주기 바란다.

더불어 127번으로 시작하는 IP 주소는 일반적으로 **127.0.0.1번**으로 사용하는 특별한 주소이기 때문에 어떤 클래스에도 속하지 않는다. 지금 시점에서 127.0.0.1번 IP 주소의 의미를 명확히 설명하기에는 무리이기 때문에, 우선 127.0.0.1번은 **자기가 사용하는**

LAN 카드 자신을 의미한다는 것과 **루프백 주소**^{Loopback address}라고 부른다는 사실만 기억해두기 바란다.

다음으로 '서브넷 마스크'라는 내용이 보인다. 서브넷 마스크를 설명하기 위해서는 서브넷 개념부터 알아야 하고, 이를 설명하려면 IP 전반에 대한 이야기부터 풀어야 한다. 생각보다 복잡한 개념이다. 일단 255.255.255.0 같은 표현부터 눈에 익히기 바란다(좀 더 자세한 내용은 14장에서 설명하겠다).

서브넷 마스크^{subnet mask}**는 IP 주소와 쌍으로 사용**하는 개념이다. 192.168.0.13 255.255.255.0 등과 같이 사용한다. 이처럼 IP 주소를 서브넷 마스크를 이용해 표기하는 방식을 **서브넷 마스크 표기법**이라고 부른다.

192.168.0.13 255.255.255.0 표기법을 자세히 보면 192.168.0번이 255.255.255번에 대응하고, 13번이 0번에 대응하는 구조를 이룬다. 이때 255.255.255번에 대응하는 192.168.0번까지를 **네트워크** ID라고 부르고, 0번에 대응하는 13번을 **호스트** ID라고 부른다. 표 1-2를 통해 좀 더 살펴보자.

표 1-2

서브넷 마스크의 예	네트워크 ID 부분	호스트 ID 부분
10.10.10.10 255.0.0.0	10	10.10.10
172.16.10.10 255.255.0.0	172.16	10.10
192.168.10.10 255.255.255.0	192.168.10	10

서브넷 마스크가 주어졌을 때(복잡한 서브넷 상황은 일단 논외로 하자) 해당 IP 주소를 네트워크 ID와 호스트 ID로 구분할 수 있겠는가?

표 1-2를 자세히 살펴보면, **IP 주소와 서브넷 마스크의 대응 관계는 IP 주소의 체계를 의미**한다. 역사적으로 IP 주소 체계는 전화번호 체계에서 유래했다. 예를 들면 962-1414

라는 전화번호는 **국번**과 **번호**로 이루어진 구조다. 다시 말해 962번이라는 음성 교환기에서 0000번부터 9999번까지 사용 가능한 일련번호 중 1414번을 임의로 자동 부여하면서 962-1414번이라는 전화번호가 생긴다.

이처럼 전화번호에서 사용하는 개념을 차용해 **IP 주소를 네트워크 ID와 호스트 ID로 구분**한다. **네트워크 ID가 국번에 해당하는 개념**이라면 **호스트 ID는 국번에서 사용하는 일련번호에 해당하는 개념**이다. 또한 **전화번호에서 국번과 번호를 대시(-) 기호로 구분**하는 것처럼, **IP 주소에서는 네트워크 ID와 호스트 ID를 서브넷 마스크로 구분**한다.

표 1-3

전화번호 체계	IP 주소 체계
대시 기호로 국번과 일련번호를 구분	서브넷 마스크로 네트워크 ID와 호스트 ID를 구분

IP 주소가 168.126.63.1 255.255.0.0으로 주어졌다면 네트워크 ID와 호스트 ID는 각각 무엇인가? 표 1-2와 표 1-3의 내용을 기반으로 보면 168.126번까지가 네트워크 ID에 해당하고 남은 63.1번이 호스트 ID에 해당한다.

마지막으로, '기본 게이트웨이' 부분을 보자. **게이트웨이**^{Gateway}는 다른 말로 **라우터**^{Router}라고도 한다. 일반적으로 **소프트웨어 측면을 강조할 때 게이트웨이**라고 부르고, **하드웨어 측면을 강조할 때 라우터**라고 부른다. 본질적으로 게이트웨이나 라우터 모두 같은 의미로 사용한다(본문 초반에는 두 용어를 혼용했다). 예제 1-2에서와 같이 내 경우 기본 게이트웨이가 192.168.0.1번으로 나온다.

그럼 게이트웨이의 정체는 무엇일까? 내 경우에는 무선 공유기(ipTIME N6004R)를 의미한다. 다시 말해 무선 공유기에서 사용하는 IP 주소가 192.168.0.1번이다. 혹시 무선 공유기가 없는 사람이라면 무선 공유기가 있다고 가정한다.

이제 무선 공유기에서 PC와 연결한 선을 제거하거나 무선 공유기 전원을 끈다. 그럼 더 이상 인터넷에 접속할 수가 없다. 다시 정상으로 복구하면 인터넷에 다시 접속할 수가 있다. 기본 게이트웨이 주소 설정이 빠지거나 잘못된 주소를 입력한다면 어떤 증상이 발생할까? 비록 무선 공유기와 PC를 회선으로 연결한 상태일지라도 운영체제에서는 무선 공유기 IP 주소를 검색할 수 없기 때문에 결국 인터넷 공간으로 나갈 수 없다 (우리가 흔히 말하는 인터넷 장애가 일어난다). 회선 제거 등은 **물리적 장애**이고, 설정 오류 등은 **논리적 장애**에 해당한다.

이와 같은 간단한 실습을 통해 게이트웨이, 곧 **라우터는 인터넷으로 접속하기 위한 일종의 관문 역할을 수행하는 장비**란 사실을 알 수 있다. 이것은 마치 **해당 음성 교환기가 외부 음성 교환기와 연결**해주는 것처럼 **라우터는 서로 다른 LAN 영역의 호스트 사이를 연결**해주는 기능을 수행한다. 이러한 라우터의 기능을 **라우팅**^{Routing}이라고 부른다.

다시 표 1-2와 표 1-3의 내용을 기반으로 **LAN 영역 · 네트워크 ID · 라우팅**에 대해 좀 더 상세히 설명하겠다. 예제 1-2에서 PC 주소인 192.168.0.13번과 기본 게이트웨이 주소인 192.168.0.1번을 비교해보자. 2개의 IP 주소 사이에 어떤 공통점이 보이는가? 자세히 보면 192.168.0.13번과 192.168.0.1번 모두 **192.168.0번까지 공통**이다. 서로 다른 주소는 오직 13번과 1번이다. 그렇다면 **PC와 게이트웨이에 설정한 네트워크 ID가 동일**하다는 결론을 내릴 수 있다.

혹시 동일한 무선 공유기에 접속하는 노트북 PC 또는 휴대 전화가 있다면 예제 1-1처럼 노트북 PC의 IP 주소를 확인해보기 바란다. 노트북 PC에서도 데스크톱 PC처럼 동일한 네트워크 ID가 나온다. 또한 기본 게이트웨이 주소는 데스크톱 PC와 노트북 PC 모두 똑같이 나온다. 표 1-4는 내 노트북 PC를 확인한 결과다.

표 1-4

항목	데스크톱 PC	노트북 PC
IP 주소	192.168.0.13	192.168.0.29
서브넷 마스크	255.255.255.0	255.255.255.0
기본 게이트웨이	192.168.0.1	192.168.0.1

표 1-4와 같이 **네트워크 ID를 공유하는 장치들의 집합체를 이루는 공간을 LAN**^{Local Area} Network 영역이라고 한다. 다시 말해, 단일한 LAN 영역이란 동일한 네트워크 ID를 공유하는 장치들의 집합적 공간 또는 동일한 게이트웨이 주소를 사용하는 장치들의 집합적 공간을 의미한다.

동일한 네트워크 ID를 공유하는 장치들의 집합 공간을 LAN 영역이라고 한다면, 표 1-2에서 예시한 네트워크 ID의 속성도 좀 더 구체적으로 알 수 있을 듯하다.

192.168.10.1 255.255.255.0으로 설정한 호스트 A가 있고 192.168.100.1 255.255.255.0으로 설정한 호스트 B가 있다면, 호스트 A와 호스트 B 사이의 네트워크 ID는 서로 상이하다. 동일한 네트워크 ID를 공유하는 장치들이 아니라는 의미다.

전화번호 체계로 비교하자면 **상이한 국번은 상이한 음성 교환기를 의미**하는 것과 같이 **상이한 네트워크 ID를 사용하는 호스트는 서로 상이한 LAN 영역에 있음**을 의미한다. 다시 말해, 호스트 A를 출발지로 간주하고 호스트 B를 목적지로 간주할 때 목적지는 출발지와 상이한 LAN 영역에 있다. 따라서 **네트워크 ID란 무수한 LAN 영역에서 자기 LAN 영역을 구분하기 위한 식별자** 또는 해당 LAN 영역을 식별하는 고유 IP 주소 대역을 의미한다.

그렇다면 네트워크 ID와 쌍을 이루는 호스트 ID란 무엇인가? 해당 LAN 영역에는 무수한 호스트가 있다. **해당 LAN 영역에 속한 호스트 각각을 구분하기 위한 식별자**가 바로 **호스트 ID**이다.

LAN 영역과 네트워크 ID/호스트 ID의 개념을 표 1-5에 정리했다.

표 1-5

LAN 영역 개념	네트워크 ID 개념	호스트 ID 개념
동일한 네트워크 ID를 공유하는 장치들의 집합 공간	해당 LAN 영역 자신을 의미하는 식별자	해당 LAN 영역에 속한 호스트를 구분하기 위한 식별자

표 1-5의 개념을 기반으로 라우터가 수행히는 **라우팅**이린 개념을 다시 관찰하면, **서로 다른 네트워크 ID를 사용하는 LAN 영역 사이를 연결해주는 기능**이라고 할 수 있다. 마치 음성 교환기가 자신의 국번과 상대방의 국번을 비교해 외부 음성 교환기로 회선을 연결해주는 동작과 같다. 표 1-5의 내용을 라우팅 관점에 따라 해석하면 표 1-6과 같다.

표 1-6

출발지 · 목적지의 네트워크 ID가 동일한 경우	목적지는 출발지와 동일한 LAN 영역에 위치
출발지 · 목적지의 네트워크 ID가 상이한 경우	목적지는 출발지와 상이한 LAN 영역에 위치

출발지 IP 주소가 10.10.10.10번이고, 목적지 IP 주소가 100.100.100.100번이라면 **출발지 IP 주소와 목적지 IP 주소의 네트워크 ID가 상이**하기 때문에 목적지는 출발지와 상이한 LAN 영역에 있다. 따라서 출발지와 목적지 호스트를 연결하기 위해서는 라우팅을 수행해야 한다는 사실을 알 수 있다. 표 1-6처럼 **출발지 IP 주소와 목적지 IP 주소의 네트워크 ID가 동일**하다면 출발지와 목적지 모두 동일한 LAN 영역에 있음을 의미하는데, 이런 경우 **스위칭**switching이 일어난다고 한다(자세한 내용은 2장에서 설명하겠다).

끝으로 리눅스 배포판 중 하나인 데비안 운영체제의 터미널 창에서 `ifconfig` 명령어를 입력해 예제 1-3과 같이 출력 내용을 확인해 보겠다(윈도우와 마찬가지로 관리자 계정을 이용하며 따로 준비할 필요는 없다).

```
root@debian:~# ifconfig
eth0: flags=4163<UP,BROADCAST,RUNNING,MULTICAST>  mtu 1500
        inet 192.168.10.213  netmask 255.255.255.0  broadcast 192.168.10.255
        inet6 fe80::20c:29ff:fed2:7e10  prefixlen 64  scopeid 0x20<link>
        ether 00:0c:29:d2:7e:10  txqueuelen 1000  (Ethernet)
        RX packets 747  bytes 212704 (207.7 KiB)
        RX errors 0  dropped 0  overruns 0  frame 0
        TX packets 893  bytes 73440 (71.7 KiB)
        TX errors 0  dropped 0 overruns 0  carrier 0  collisions 0
        device interrupt 18  base 0x2000

lo: flags=73<UP,LOOPBACK,RUNNING>  mtu 65536
        inet 127.0.0.1  netmask 255.0.0.0
        inet6 ::1  prefixlen 128  scopeid 0x10<host>
        loop  txqueuelen 1  (Local Loopback)
        RX packets 54  bytes 4630 (4.5 KiB)
        RX errors 0  dropped 0  overruns 0  frame 0
        TX packets 54  bytes 4630 (4.5 KiB)
        TX errors 0  dropped 0 overruns 0  carrier 0  collisions 0
```

예제 1-3

예제 1-3을 보면 데비안의 IP 주소는 192.168.10.213이고, 서브넷 마스크는 255.255.255.0임을 알 수 있다. 표 1-2를 참조하면 C 클래스 IP 대역에 해당한다. 또한, eth0이라는 표시가 보인다. 예제 1-2에서 알 수 있는 바와 같이, 이더넷 어댑터 로컬 영역 연결과 같은 의미다. 만약 eth0과 함께 eth1도 보인다면 이더넷 방식의 LAN 영역에서 사용하는 NIC 장치가 2개 있다는 의미다.

반면 윈도우 운영체제와 달리 데비안 운영체제에서는 게이트웨이의 IP 주소가 안 보인다. 예제 1-4와 같이 확인할 수 있다.

```
root@debian:~# ip route
default via 192.168.10.2 dev eth0 onlink
192.168.10.0/24 dev eth0 proto kernel scope link src 192.168.10.213
```

예제 1-4

예제 1-4를 보면 default via 192.168.10.2라고 나온다. 이는 **게이트웨이 IP 주소**를 의 미한다.

② DHCP 서비스·DNS 서비스· 물리적 주소의 의미

이번에는 명령 프롬프트 창에서 `ipconfig/all` 명령어를 입력한다. 출력 결과 중 2장에서 필요한 내용만 다시 정리하면 표 2-1과 같다.

표 2-1

항목	결과
이더넷 어댑터 로컬 영역 연결	
DHCP 사용	예
임대 시작 날짜	2015년 12월 17일 목요일 오후 12:56:12
임대 만료 날짜	2015년 12월 17일 목요일 오후 2:56:12
DHCP 서버	192.168.0.1
DNS 서버	168.126.63.1 168.126.63.2
물리적 주소	00-24-1D-DF-8C-47
설명	REALTEK RTL8168D/8111D

먼저 'DHCP 사용' 부분이 '예'라고 나온다. 해당 PC에서 IP 주소를 **유동 IP 방식으로 사용한다는 의미다.**

주소 식별자로 사용하는 IP 주소는 원래 사용자가 **IP 주소 · 서브넷 마스크 · 기본 게이트웨이** 등을 직접 입력해야 한다. 그렇지만 이러한 입력을 위해서는 사용자가 IP 주소의 기본 체계 등을 알아야 한다. 또한 방대한 규모의 LAN 영역에서 모든 단말에 이러한 IP 주소 등을 일일이 입력하는 일이 쉽진 않다. 그래서 등장한 서비스가 바로 DHCP 방식이다.

DHCP^{Dynamic Host Configuration Protocol} 서비스는 사용할 IP 주소 범위를 서버에 미리 등록하면 **PC 사용자에게 IP 주소 · 서브넷 마스크 · 게이트웨이 IP 주소 등을 자동으로 할당해주는 기능**이다. 사용자가 직접 IP 주소를 입력하는 수고를 덜 수 있다. 가정에서 인터넷을 사용하는 초고속 인터넷 가입자라면 DHCP 서비스 방식을 이용해 IP 주소를 자동으로 할당받는다. DHCP 서버가 제공하는 주소 정보를 정리하면 표 2-2와 같다.

표 2-2

항목	주소
IP 주소	192.168.0.13
서브넷 마스크	255.255.255.0
기본 게이트웨이	192.168.0.1
DNS 서버 IP 주소	168.126.63.1 168.126.63.2

DHCP 서비스 기능은 **음성 교환기에서 전화번호를 자동으로 할당하는 방식**에서 기인했다. 일반 유선 전화에 가입하고자 한다면 KT 지사를 방문한 뒤 자신의 인적 사항을 기재한다. 창구 직원이 단말 장치에 가입자의 인적 사항을 입력하면 음성 교환기가 확보한 0000번부터 9999번 사이의 번호를 임의로 자동 할당해준다.

표 2−1에서 'DHCP 사용' 아래로 '임대 시작 날짜'와 '임대 만료 날짜'가 보인다. DHCP 방식에 따라 IP 주소를 할당받은 시간과 IP 주소를 사용한 시간이다. 이것은 동시에 PC 사용 시간을 의미하기도 한다.

유심히 볼 점은 기본 게이트웨이의 IP 주소와 DHCP 서버의 IP 주소 모두 192.168.0.1 번이란 점이다. 게이트웨이에서 DHCP 기능을 수행한다는 사실을 알 수 있다. 다시 말해, 1장에서 언급한 나의 **무선 공유기**는 **게이트웨이 역할**을 수행하면서 **DHCP 서버 기능도 수행**함을 알 수 있다.

다음으로 'DNS 서버' 부분이다. 168.126.63.1번과 168.126.63.2번이 보인다. 1장에서도 언급한 바와 같이 KT에서 제공하는 DNS 서버 IP 주소다.

웹 서버에 접속할 경우 웹 브라우저의 주소창^{URL}에 police.go.kr 같은 도메인 네임을 입력한다. DNS 서버는 사용자가 입력한 도메인 네임을 **116.67.118.148** 같은 IP 주소로 변환해준다. 이와 같이 **도메인 네임과 IP 주소의 대응 관계**를 표 2−3처럼 **일종의 데이터베이스 형태로 저장해 사용하는 기능**이 바로 **DNS**^{Domain Name System} 서비스다.

표 2−3

도메인 네임	IP 주소
police.go.kr	116.67.118.148

전화번호부에는 성명과 전화번호가 대응 관계로 나온다. 이때 성명을 도메인 네임이라고 하고 전화번호를 IP 주소라고 한다면 전화번호부와 같은 개념을 DNS라고 할 수 있겠다(4장에서 DNS 동작 과정을 좀 더 상세히 설명하겠다).

마지막으로, '물리적 주소' 부분을 확인해보자. 이것은 1장에서 언급한 이더넷 어댑터 로컬 영역 연결 부분과 관련이 있다. **물리적 주소**를 **맥**^{Media Access Control} **주소**라고 한다. 맥 주소를 이해하기 위해서는 LAN 영역에 대한 개념을 또 다른 각도에서 관찰할 필요가 있다. 맥 주소를 설명하는 동안에는 IP 주소의 존재를 무시하자. 오직 맥 주소만 생각해야 한다.

임의의 LAN 영역에 호스트 A · B · C가 허브나 스위치 같은 집선 장치에 물린 상태라고 하자(허브나 스위치에 대한 내용은 이후 자세히 설명하겠다). **집선 장치란 글자 그대로 선을 연결해주는 장비다.** 이처럼 **LAN 영역에서 스위치 같은 집선 장치에 물린 호스트 사이에서 일어나는 통신을 내부 통신**이라고 한다. 내부 통신은 LAN 영역 안에서만 일어날 뿐 다른 LAN 영역과는 통신할 수 없다. 즉 **라우팅과는 무관**하다.

그런데 호스트는 자기 자신과 상대방 호스트를 구분할 수 있는 주소가 있어야 통신을 수행할 수 있다. 다시 말해, **LAN 영역에서 내부 통신을 수행하기 위해 필요한 주소가 바로 맥 주소**다. 맥 주소는 **LAN 카드(NIC)에 새겨진 주소**다. 그래서 **물리적인 주소**라고 간주한다.

이제 표 2-4처럼 호스트 A의 맥 주소가 00-24-1D-DF-8C-47이고, 호스트 B의 맥 주소가 00-24-1D-DF-8C-48이고, 호스트 C의 맥 주소가 00-24-1D-DF-8C-49라고 가정하자.

표 2-4

호스트	맥 주소
A	00-24-1D-DF-8C-47
B	00-24-1D-DF-8C-48
C	00-24-1D-DF-8C-49

호스트 A에서 스위치 장비를 통해 호스트 C로 데이터를 전송할 경우 스위치 운영체제는 호스트 A의 맥 주소 00-24-1D-DF-8C-47을 출발지 맥 주소로 간주하고, 호스트 C의 맥 주소 00-24-1D-DF-8C-49를 목적지 맥 주소로 간주해 스위치 장비에 내장한 **모종의 테이블에 해당 맥 주소를 저장하고 검색**한다. 이러한 일련의 과정을 스위

칭^{Switching}이라고 한다. 다시 말해, **스위치 장비가 맥 주소에 기반해 호스트 사이에서 내부 통신을 구현해주는 기능을 스위칭**이라고 한다. 스위치는 맥 주소 인식을 통해 오직 목적지 맥 주소가 있는 해당 포트로만 데이터를 전송하는데 이것을 특히 **포워딩**^{Forwording}이라고 한다(스위칭 동작은 14장에서 좀 더 자세히 설명하겠다).

한편, 맥 주소를 LAN 카드에 새겨진 주소라고 했다. 따라서 시중에서 LAN 카드 한 장을 구입한다는 의미는 1개의 맥 주소를 구입한다는 의미와 같다. 이때 특별한 언급이 없다면 LAN 카드는 이더넷 방식의 LAN 가드를 의미한다. 1장에서 언급한 바와 같이 **이더넷 기술이 LAN 영역의 사실상 표준**이기 때문에 그렇다. 그렇다면 표 2-1에서 보이는 맥 주소는 이더넷 방식이고, 이러한 맥 주소에 기반해 동작하는 내부 통신을 이더넷 기술이라고 할 수 있을까? 그렇다! 다시 말해, 이더넷 통신을 구현하기 위해 **이더넷 방식에 따라 새겨진 맥 주소가 필요**하다.

맥 주소는 **48비트** 체계로서 **00-24-1D-DF-8C-47**처럼 16진수로 표기한다. 10진수로 표기하는 IP 주소와 차이가 있다. 또한 **IP 주소를 네트워크 ID와 호스트 ID로 구분**하는 것처럼 **맥 주소 역시 OUI와 일련번호로 구분**한다. 그러나 IP 주소는 표 1-2처럼 해당 클래스에 따라 네트워크 ID와 호스트 ID가 가변적인 반면, 맥 주소는 OUI와 일련번호가 24비트 단위로 고정적이다.

맥 주소 00-24-1D-DF-8C-47의 경우 표 2-5처럼 앞에 나온 24비트 크기의 00-24-1D 부분이 맥 주소를 생성한 기업 식별자인 OUI에 해당하고, 뒤에 나온 24비트 크기의 DF-8C-47 부분이 해당 기업에서 부여한 일련번호에 해당한다.

표 2-5

기업 식별자 OUI	일련번호
00-24-1D	DF-8C-47

OUI는 'Organizationally Unique Identifier'의 약어다. **네트워크 ID가 해당 LAN의 고유한 식별자**라고 한다면, **OUI는 맥 주소를 생성하는 기업의 고유한 식별자**를 의미한다. 한 기업에서는 여러 개의 OUI를 소유할 수도 있다.

방송이나 통신 주파수 등을 국가 기관에서 관리하는 것처럼 OUI도 IEEE('아이 트리플이'라고 읽는다)라는 국제 기구에서 관리한다. 맥 주소 중복을 방지하기 위해서다. 그런만큼 맥 주소는 전 세계적으로 유일무일한 주소 체계다. 다음 사이트를 방문하면 IEEE에서 관리하는 OUI 목록을 볼 수 있다.

standards-oui.ieee.org/oui.txt

해당 사이트에서 맥 주소의 OUI 00-24-1D를 검색하면 'GIGA-BYTE TECHNOLOGY'라고 나온다(참고로 표 2-1에서 'Realtek'이라고 나온 내용은 메인보드에서 사용하는 내장 LAN 카드 칩셋 제조사다).

한편, IEEE는 Institute of Electrical and Electronics Engineers의 약어로, **LAN 영역 전반을 관리하는 국제 기구**다. 다시 말해 IEEE에서는 **LAN 영역에서 사용하는 일련의 기술이나 표준 등을 총괄**한다.

1980년 2월 IEEE는 전 세계 LAN 전문가들과 일련의 프로젝트를 수행했다. 이른바 **IEEE 802 프로젝트**다. IEEE 802 프로젝트를 통해 점증하는 LAN 기술 전반을 검토하고 표준 사양 등을 정립해서 이를 IEEE 802라는 이름으로 문서를 남겼다.

IEEE 802 문서는 **맥 주소에 기반해 LAN 영역에서 내부 통신을 구현**하는 이더넷 스위칭 방식과 관련이 있는 만큼 자세히 알아볼 필요가 있다.

1980년 이전까지 이더넷 방식은 전송 매체로 **10BASE2** 또는 **10BASE5** 같은 **동축 선로**를 사용했고, 버스 토폴로지 구조에 기반한 **CSMA/CD 방식**에 따라 **10Mbps** 대역폭으로 동작하는 기술이었다. 원래는 복사기로 유명한 **제록스**라는 회사에서 개발한 기술이었다. IEEE에서는 이 LAN 기술을 국제 표준으로 승인했다. 동축 선로가 아닌 UTP

선로로 변경했을 뿐 제록스에서 제안한 여타의 방식을 그대로 수용한 것이다. 이것이 IEEE 802.3 이더넷 방식이다. 이때 **허브**^hub라는 집선 장치가 처음으로 등장했다.

이후 이더넷의 대역폭은 기존의 10Mbps에서 **100Mbps**로 10배 빨라졌다. 이에 따라 IEEE에서는 **IEEE 802.3u** 패스트 이더넷 방식을 제정했다. IEEE 802.3 이더넷 방식의 개정판이라고 할 수 있다. IEEE 802.3u 방식에서는 허브 장비와 함께 스위치 장비의 사용도 명시했다.

100Mbps 대역폭의 패스트 이더넷은 다시 10배 빨라졌다. 기가비트 이더넷 방식의 등장이다. 이에 따라 IEEE에서는 **IEEE 802.3z** 기가비트 이더넷 방식을 제정했다. IEEE 802.3z 사양에 따르면 **1Gbps** 환경에서 UTP 케이블을 구성할 경우 기존의 8가닥 모두를 사용한다는 **IEEE 802.3ab** 규정을 마련했다. 참고로 패스트 이더넷 방식까지는 UTP 케이블을 구성할 때 8가닥 중 4가닥만 사용했다.

기가비트 이더넷 방식은 얼마 뒤 10Gbps로 높아지면서 **IEEE 802.3ae** 10기가비트 이더넷 방식에까지 이르렀다. IEEE 802.3ae 사양에서는 더 이상 허브 장비를 LAN 영역의 집선 장치로 사용할 수 없고(CSMA/CD 방식의 폐기) 전송 매체도 오직 **광 선로**^Optical ^Cable만 가능하다. 또한 기존에는 상이한 2개의 LAN 영역을 라우터 장비를 통한 라우팅으로 구현했지만 10기가비트 이더넷 방식은 40킬로미터 정도의 거리에서 스위치 장비를 통한 스위칭만으로도 각기 다른 2개의 LAN 영역을 연결할 수 있다. 다시 말해, **두 개의 상이한 LAN 영역을 한 개의 동일한 LAN 영역으로 통합**했다. 이것이 바로 **메트로 이 더넷**^Metro Ethernet 방식이다. 메트로 이더넷 방식의 등장으로 많은 현업 부서 등에서 라우터가 사라졌다.

현재 이더넷 대역폭은 100Gbps를 지원하는 **IEEE 802.3ba** 100기가비트 이더넷 사양까지 나온 상태다.

이더넷 방식의 발전 과정을 정리하면 표 2-6과 같다. 기술에 대한 이해가 부족하더라도 표 2-6에 정리한 내용만큼은 기억해주기 바란다.

표 2-6

종류	국제 표준 사양	특징
원시 이더넷		버스 토폴로지 구조에 따른 CSMA/CD 방식
구식 이더넷	IEEE802.3	UTP 선로 및 허브 장비
패스트 이더넷(FE)	IEEE802.3u	스위치 장비
기가비트 이더넷(GE)	IEEE802.3z	IEEE 802.3ab에 따른 1000 BASE-T 구성
10GE	IEEE802.3ae	메트로 이더넷(MAN) 등장
100GE	IEEE802.3ba	

이제 1장에서 간단히 언급했던 이더넷 어댑터 로컬 영역 연결의 진정한 의미를 이해할 수 있겠는가? 아직 명확히 이해하지 못했더라도 너무 걱정하지 말기 바란다. 뒤에서 반복해 설명하겠다.

`ipconfig` 명령어보다는 `ipconfig/all` 명령어 내용이 좀 더 복잡한 만큼 2장의 내용 역시 1장과 비교할 때 복잡하다는 느낌을 받았을 듯하다. 처음 접하는 내용이라 그럴 뿐이다. 1장부터 다시 읽어보면서 차분히 정리하기 바란다.

예제 1-3에서는 데비안의 맥 주소를 확인할 수 있는데 바로 00:0c:29:d2:7e:10이다.

끝으로 데비안 운영체제를 DHCP 서버로 구성할 경우 설정 내역은 예제 2-1과 같다.

```
root@debian:~# cat /etc/dhcp/dhcpd.conf
subnet 192.168.10.0 netmask 255.255.255.0 {range 192.168.10.200
192.168.10.250;option domain-name-servers 192.168.10.213;option domain-
name-servers 8.8.8.8;option routers 192.168.10.2;option broadcast-address
192.168.10.255;default-lease-time 600;max-lease-time 7200;}
```

예제 2-1

공상 과학 영화 분야에서 기념비적인 작품 〈스페이스 오디세이〉

스탠리 큐브릭Stanley Kubrick의 영화에는 많은 논란과 해석이 난무한다. 그가 다루는 작품 주제가 늘 심오하기 때문일 수도 있고, 거장의 작품이라는 생각에 관객들이 그의 작품을 오직 예술적 관점에서만 보기 때문일 수도 있다.

〈스페이스 오디세이A Space Odyssey〉는 관객들이 찬사를 보내는 작품이자 거부감을 드러내는 작품이다. 특수 영상과 고전 음악의 조화, 그리고 유인원이 공중으로 던진 골각기가 우주선으로 변하고 인공 지능이 인간에 대항하는 장면 등은 가히 영상 철인다운 발상이다. 그러나 해당 장면으로 관객에게 전하고자 하는 감독의 주제는 난해하기 이를 데 없다.

감독의 의도적인 편집인지 아니면 제작사의 편집 실수인지 알 수 없지만, 〈스페이스 오디세이〉는 처음 수 분 동안 아무런 화면 변화 없이 그저 음악만 흐른다. 감독의 의도적인 편집이라면 시작 장면은 우주 창조 이전의 혼돈을 상징한다.

이어지는 장면도 인상적이다. 제작사의 이름과 영화 제목 등 각종 자막을 우주에서 솟아오르는 지구와 함께 보여준다. 영화는 우주와 지구의 탄생을 시간의 흐름에 따라 배열한 편집으로 시작한다. 이때 **리하르트 슈트라우스**Richard Strauss의 '차라투스트라는 이렇게 말했다'란 음악이 흐른다. 영상과 음악의 조화가 퍽 인상적이다.

영화는 유인원의 평범한 일상 생활을 보여주며 본격적으로 시작한다. 어느 날 잠에서 깬 유인원들은 그들 앞에 갑자기 세워진 검은 비석에 놀라 당황한다.

검은 비석은 이후 21세기의 인간들이 목성으로 향하는 이유이기도 하고, 영화의 마지막에 다시 등장한다는 점에서 〈스페이스 오디세이〉의 핵심을 이루는 내용이다. 문제는 갑작스러운 검은 비석의 출현이 유인원들의 생활과 관련해서 너무나 생뚱맞다는 점이다.

그러다 보니 검은 비석에 대한 해석은 다양할 수밖에 없다. 나는 검은 비석을 시간과 공간을 관통하는 불변의 속성에 대한 상징으로 본다. 이는 우주를 지배하는 보편적 원리일 수도 있고 고대로부터 이어오는 불변적 진리일 수도 있다. 유신론자에게는 신을 의미할 수도 있겠다.

만약 여러분이 내 의견에 동의한다면 결국 〈스페이스 오디세이〉는 21세기 인간들이 원시 시대로부터 삼라만상을 지배하는 원리(검은 비석)를 탐험하기 위해 목성까지 항해하고 귀환한다는 내용이다. 주인공이 검은 비석 앞에서 최후를 마치는 장면은 여전히 그 원리가 우주와 생명을 지배한다는 내용을 상징한다. 다시 말해 삼라만상은 생성, 성장, 쇠퇴의 과정을 반복하며 진화한다는 것이다.

유인원의 생활 중 어느 유인원이 동물의 뼈를 쥐고 주위의 뼈를 이리저리 두드리는 장면이 인상적이었다. 유인원은 처음에 주위의 뼈들을 툭툭 내려치다 어느 순간 힘을 줘서 내리쳐 본다. 순식간에 뼈가 부서지고, 유인원은 더욱 힘을 주어 주위의 뼈들을 내리치기 시작한다. 이 장면에서 장엄한 음악이 흐르는데, 앞에 나왔던 리하르트 슈트라우스의 바로 그 곡이다. 인류가 최초로 골각기를 도구로 인식하는 순간을 극적으로 묘사한 장면이다. 감독은 지구가 탄생할 때 나왔던 음악을 다시 이용해 인류의 도구 사용을 지구의 탄생에 버금가는 사건이란 점을 관객들에게 전한다. 이후 유인원들은 이 골각기를 수렵의 도구로서, 전쟁의 도구로서 사용하기 시작한다.

골각기를 통해 전쟁에서 승리한 어떤 유인원이 공중으로 골각기를 던지자 화면은 2001년 우주 공간으로 급전환한다. 공중으로 올려진 골각기는 진보하는 인류의 도구 발전 역사를 함축한다. 수 만년 동안 이룩한 도구의 발전사를 일체의 군더더기도 없이 이렇게 간결하게 표현할 수 있다는 점에서 새삼 스탠리 큐브릭의 예술적 재능에 감탄하지 않을 수 없다. 많은 관객과 평론가들이 영화사의 명장면으로 언급하는 부분이다.

우주선에서는 미래의 생활상을 엿볼 수 있다. 대부분은 오늘날 익숙하다고 느낄 내용이다. 예를 들어 주인공이 지구에 남은 가족에게 화상 전화를 이용해 안부를 전하는 장면이 나온다. 오늘날에는 DMB나 영상 통화가 보편적이기 때문에 그리 놀라운 장면이 아니겠지만, 영화가 1968년에 제작된 점을 고려한다면 실로 놀라운 미래 생활상의 묘사가 아닐 수 없다. 스탠리 큐브릭이 영화를 제작하면서 얼마나 치밀하게 과학자와 미래학자들의 견해를 반영했는가를 보여주는 장면이기도 하다.

미국 항공우주국^{NASA}에서는 유인 우주선 아폴로 9호 발사 계획을 진행하면서 이 영화에서 묘사한 진공 상태의 우주인 등을 철저히 분석했다고 한다.

〈스페이스 오디세이〉의 주제는 아니지만 관객들이 중요하게 언급하는 내용이 인공지능의 존재와 인간에 대한 반란이다. 개인적으로도 가장 흥미롭게 본 부분이기도 하다.

목성으로 향하는 우주선에 우주인 자격으로 탑승한 **할**(HAL 9000)은 인간이 아닌 인공지능이다. 그는 손과 발이 있는 기계가 아니다. 그저 머리라고 부를 수 있는 부분만 있다. 그렇다고 고개를 돌릴 수 있지도 않다. 그러나 할은 인간과 자연스런 대화를 주고받을 수 있을 뿐 아니라 우주선의 제어를 담당한다. 할은 자신이 기계라는 점을 잘 안다. 그러나 기계이기 때문에 자신의 사고와 판단은 늘 정확하다고 생각한다. 그야말로 자신에게는 어떤 인간적인 오류가 없다고 확신한다.

우주 여행 중인 어느 날 선장 보먼^{Bowman}과 승무원 풀^{Poole}은 우주선의 제어와 관련해 할의 오류를 의심하고 이를 점검하자는 의견을 주고받는다. 할은 대화 중인 두 스페이스 오디세이인의 입 모양을 통해 그들이 자신을 의심한다고 생각해서 인간의 지시를 거부하고 임의적 판단을 시작한다. 인공지능의 반란이었다. 할의 공격 과정은 섬뜩하다. 손발이 있는 것도 아닌 기계가 제어 명령을 통해 동면 중인 인간들을 살해하고 우주 유영에 나선 풀을 제거한다. 기계에 의존하는 인간의 나약성을 상징적으로 보여주는 장면들이기도 하다.

그러나 할도 결국 기계의 한계에 직면하면서 보면에 의해 제거당한다. 메모리가 빠질 때마다 마치 녹음 테이프가 늘어지는 것과 같은 소리를 내며 죽어가는 할의 최후 과정이 인상적이다. 인간과 같은 기계에도 과연 인권이 있는가라는 의문을 제기할 만한 장면이 아닐 수 없다. 이러한 내용은 이후 **제임스 카메론**James Cameron 등과 같은 많은 영화인들에게 깊은 영향을 줬다.

〈스페이스 오디세이〉는 당시성을 고려할 때 실로 획기적인 작품이 아닐 수 없다. 후대의 공상 과학 영화에 미친 영향까지 감안하면 더더욱 그렇다. 그러나 영화의 전개 과정은 상당한 인내력을 요구한다. 오늘날 빠른 전개와 첨단 기법으로 무장한 영화에 길들여진 관객들은 심한 거부감을 느낄 수 있다.

〈스페이스 오디세이〉는 영화에 진지한 관객이라면 한 번쯤 봐야 할 필독서와 같은 작품이다. 그러나 〈성경〉처럼 늘 가까이에서 반복해 접할 수 있는 작품은 아니다. 한 번쯤은 반드시 봐야 하지만 두 번 다시 보고 싶지 않은 영화야말로 저주 받은 영화라고 한다면 〈스페이스 오디세이〉은 분명 그런 영화다.

영화에 일가견이 있다고 스스로 느끼는 사람들이라면 한 번 도전해 보기 바란다.

③

ARP 캐시 테이블의 이해

1장에서는 IP 주소에 무게중심을 두고 2장에서는 맥 주소를 중심으로 설명했다. IP 주소와 맥 주소의 차이는 표 3-1과 같이 정리할 수 있다.

표 3-1

구분	구성 체계	기능
IP 주소	가변적인 32비트 크기의 네트워크 ID와 호스트 ID	IP 주소 기반의 라우팅
맥 주소	고정적인 48비트 크기의 OUI와 일련번호	맥 주소 기반의 스위칭

이번에는 IP 주소와 맥 주소 사이를 연결해주는 ARP^Address Resolution Protocol 기능을 설명하겠다. LAN 동작을 이해하는 데 아주 중요한 내용인 만큼 최대한 집중해주기 바란다.

먼저 명령 프롬프트 창에서 예제 3-1처럼 arp -d 명령어를 입력한 뒤(관리자 계정이 아니라면 실행이 안 되는 경우도 있다) ping 8.8.8.8 명령어를 입력해 본다.

```
C:\>arp -d

C:\>ping 8.8.8.8

Ping 8.8.8.8 32바이트 데이터 사용:
8.8.8.8의 응답: 바이트=32 시간=33ms TTL=55
8.8.8.8의 응답: 바이트=32 시간=32ms TTL=55
8.8.8.8의 응답: 바이트=32 시간=30ms TTL=55
8.8.8.8의 응답: 바이트=32 시간=30ms TTL=55

8.8.8.8에 대한 Ping 통계:
    패킷: 보냄 = 4, 받음 = 4, 손실 = 0 (0% 손실), 왕복 시간(밀리초):
    최소 = 30ms, 최대 = 33ms, 평균 = 31ms

C:\>
```

예제 3-1

ICMP 개념에 대한 소개가 없었기 때문에 ping 명령어 개념을 모를 듯하다. ping 명령어는 **출발지 호스트와 목적지 호스트 사이에서 회선의 연결 상태나 목적지 운영체제의 동작 여부 등을 점검**하기 위해 사용한다는 정도로만 알아두자. 예제 3-1의 출력이 의미하는 바는 192.168.0.13번인 출발지 IP 주소에서 8.8.8.8번인 목적지 IP 주소까지 임의의 데이터를 전송했고, 목적지 호스트에서는 이를 수신해 다시금 전송했다는 것이다. 이를 통해 출발지와 목적지 사이의 회선은 정상이고 목적지 호스트가 살아서 동작 중임을 알 수 있다. 지구 저편 어딘가에 놓인 호스트의 동작 상태를 이처럼 ping 명령어를 통해 확인할 수 있다.

이제 arp -a 명령어를 입력하면 예제 3-2와 같은 내용을 볼 수 있다.

```
C:\>arp -a

인터넷 주소          물리적 주소              유형
192.168.0.1         00-26-66-86-f8-0c       동적
```

```
C:\>
```

예제 3-2

예제 3-2와 같이 라우터가 사용하는 192.168.0.1번 IP 주소와 00-26-66-86-f8-0c 맥 주소가 대응 관계를 이루고 있다. 이처럼 IP 주소와 맥 주소의 대응 관계를 저장한 테이블을 ARP 캐시 테이블ARP Cache Table이라고 한다. 이런 대응 관계는 표 2-3처럼 도메인 네임과 IP 주소의 대응 관계를 관리하는 DNS 서비스 기능과 유사하나. ARP 캐시 테이블은 스위치나 라우터 같은 장비에서도 볼 수 있다. 그만큼 LAN 동작을 이해하는 데 핵심적인 테이블이다.

arp -d 명령어와 arp -a 명령어를 연속으로 입력해보면 예제 3-3처럼 나온다.

```
C:\>arp -d

C:\>arp -a
ARP 항목을 찾을 수 없습니다.

C:\> ipconfig/all

이하 내용 생략

C:\>ping 8.8.8.8
```

예제 3-3

예제 3-3에서 "ARP 항목을 찾을 수 없습니다"와 같은 내용이 나오면 ipconfig/all 명령어를 입력해 IP 주소와 맥 주소를 다시 확인해본다.

이어서 ping 8.8.8.8 명령어를 입력한 상태로 생각해보자. ping 8.8.8.8 명령어에서 8.8.8.8은 무엇인가? 출발지 IP 주소 입장에서 보면 목적지 IP 주소에 해당한다. IP

주소가 아닌 ping police.go.kr처럼 도메인 네임을 입력해도 police.go.kr은 목적지 IP 주소에 해당한다. 정리하면 표 3-2와 같다.

표 3-2

구분	출발지	목적지
IP 주소	192.168.0.13	**8.8.8.8**
맥 주소	00-24-1D-DF-8C-47	

입력한 ping 8.8.8.8 명령어를 엔터한다. 엔터라는 행위는 이제 모든 처리를 운영체제에게 맡긴다는 의미다.

엔터를 누르자마자 운영체제는 자기가 사용하는 서브넷 마스크 255.255.255.0을 갖고 출발지 IP 주소와 목적지 IP 주소를 각각 192.168.0.13 255.255.255.0과 8.8.8.8 255.255.255.0으로 설정한 뒤 **출발지 네트워크 ID와 목적지 네트워크 ID를 비교**한다. 출발지 네트워크 ID 192.168.0번과 목적지 네트워크 ID 8.8.8.8번은 다르다. 목적지가 출발지와 다른 LAN 영역에 있다는 의미다. 출발지와 상이한 LAN 영역에 있는 목적지로 데이터를 전송하기 위해 운영체제는 목적지 IP 주소를 라우터의 IP 주소로 변경한다. 다시 말해, 표 3-2의 내용을 표 3-3의 내용으로 변경한다.

표 3-3

구분	출발지	목적지
IP 주소	192.168.0.13	**192.168.0.1**
맥 주소	00-24-1D-DF-8C-47	

이제 기본 게이트웨이에 해당하는 목적지 맥 주소를 알아야 한다. 그래야 출발지 호스트와 동일한 LAN 영역에 위치한 게이트웨이까지 스위칭 통신할 수 있기 때문이다. 표

3-3과 같이 현재 출발지 호스트에서는 목적지 맥 주소를 모른다. 그러면 출발지 호스트는 자기와 동일한 네트워크 ID를 사용하는 모든 호스트, 다시 말해 자기가 속한 LAN 영역 전체를 대상으로 192.168.0.1번에 대응하는 맥 주소를 구하기 위해 ARP 질의를 브로드캐스트 방식을 이용해 전송한다. **브로드캐스트**broadcast 방식은 **자신과 동일한 네트워크 ID를 사용하는 모든 호스트에게 데이터를 전송한다.**

출발지 호스트가 속한 LAN 영역의 모든 호스트는 출발지 호스트로부터 ARP 브로드캐스트 질의를 받고, 이 중에서 192.168.0.1번을 사용하는 게이트웨이가 자신에 대한 맥 주소를 192.168.0.13번에서 요청한다는 사실을 알기에 자신의 맥 주소를 유니캐스트 방식으로 전송한다. **유니캐스트**unicast 방식은 브로드캐스트 방식과는 반대로 **특정한 호스트에게 데이터를 전송한다.**

목적지 호스트로부터 응답받은 출발지 호스트가 자신의 ARP 캐시 테이블에 이러한 내용을 반영하면 표 3-4와 같다.

표 3-4

구분	출발지	목적지
IP 주소	192.168.0.13	192.168.0.1
맥 주소	00-24-1D-DF-8C-47	00-26-66-86-F8-0C

표 3-4에서 보여주는 내용은 예제 3-2의 내용과 같다. 이처럼 **ARP 캐시 테이블에 목적지 맥 주소가 올라오면 운영체제에서는 ARP 캐시 테이블을 참조해 예제 3-1처럼 핑 데이터를 유니캐스트 방식에 따라 게이트웨이까지 전송**한다. **이후부터는 게이트웨이가 IP 주소에 기반한 라우팅 통신을 통해 전송**한다.

어려운가? 그렇다면 목적지 IP 주소를 8.8.8.8번이 아닌 192.168.0.1번으로 설정해 다시 설명해보겠다. 예제 3-3처럼 ARP 캐시 테이블의 모든 내용을 초기화한 뒤 예제 3-4와 같이 `ping 192.168.0.1` 명령어를 입력한다.

```
C:\>ping 192.168.0.1
```

예제 3-4

엔터를 누르면 운영체제는 자기가 사용하는 서브넷 마스크 255.255.255.0을 갖고 출발지 IP 주소와 목적지 IP 주소를 각각 192.168.0.13 255.255.255.0과 192.168.0.1 255.255.255.0으로 설정한 뒤 출발지 네트워크 ID와 목적지 네트워크 ID를 비교한다. 출발지 네트워크 ID 192.168.0번과 목적지 네트워크 ID 192.168.0번은 서로 같다. **목적지가 출발지와 동일한 LAN 영역에 있다는 의미다.** 출발지와 동일한 LAN 영역에 있는 목적지로 데이터를 전송하기 위해 운영체제는 ARP 캐시 테이블에서 목적지 IP 주소 192.168.0.1번에 대응하는 맥 주소의 존재를 검색한다. **ARP 캐시 테이블에서 목적지 IP 주소에 해당하는 맥 주소가 없다면, 자기가 속한 LAN 영역 전체를 대상으로** 192.168.0.1번에 대응하는 맥 주소를 구하기 위해 **ARP 브로드캐스트 질의를 수행**한다.

출발지 호스트가 속한 LAN 영역의 모든 호스트는 ARP 질의를 받고 이 중에서 192.168.0.1번을 사용하는 게이트웨이가 자신에 대한 맥 주소를 **유니캐스트 방식으로 ARP 응답을 전송**한다. **목적지 호스트로부터 응답받은 출발지 호스트는 자신의 ARP 캐시 테이블에 이러한 내용을 반영**한다. ARP 캐시 테이블에 목적지 맥 주소가 올라오면 운영체제는 사용자가 실제로 전송하고자 하는 데이터를 유니캐스트 방식에 따라 목적지 호스트, 즉 라우터로 전송한다. 이제 이해했는가?

지금까지 설명한 일련의 ARP 요청과 응답 과정을 다시 한번 정리하면 다음과 같다.

1. 운영체제는 **출발지 서브넷 마스크를 기준으로 출발지 네트워크 ID와 목적지 네트워크 ID를 비교해 목적지가 스위칭 통신의 대상인지, 라우팅 통신의 대상인지 판단**한다.

2. 운영체제는 ARP 캐시 테이블에 접근해 목적지 맥 주소를 검색한다. 목적지가 스위칭 통신의 대상이면 실제 목적지 IP 주소에 해당하는 맥 주소를 ARP 캐시 테이블에

서 검색하고, 목적지가 라우팅 통신의 대상이면 라우터 IP 주소에 해당하는 맥 주소를 ARP 캐시 테이블에서 검색한다.

3. ARP 캐시 테이블에 목적지 맥 주소가 있다면 운영체제는 곧바로 해당 맥 주소를 참조해 목적지까지 유니캐스트 방식으로 전송한다. 만약 목적지 맥 주소가 없다면, 운영체제는 자신이 속한 LAN 영역 전체를 대상으로 ARP 브로드캐스트 질의를 전송한다.

4. 출발지 호스트와 동일한 LAN 영역에 속한 목적지 호스트는 **ARP 유니캐스트 응답을 출발지 호스트에게 전송**한다.

5. 운영체제는 ARP 유니캐스트 응답을 통해 획득한 **목적지 맥 주소를 ARP 캐시 테이블에 반영**한다.

6. 운영체제는 **사용자가 전송하고자 하는 실제 데이터를 ARP 캐시 테이블에 기반해 목적지 호스트로 유니캐스트 방식에 따라 전송**한다.

ARP 요청과 응답을 정확히 이해하기 위해서는 ARP 헤더를 알아야 한다. 그렇지만 지금 단계에서 ARP 헤더를 이해하기에는 무리가 있다. 11장에서 ARP 과정을 좀 더 상세히 설명하겠다. 너무 조급하게 생각하지 말고 일단 ARP 기능과 ARP 브로드캐스트 질의 · ARP 유니캐스트 응답이라는 개념과 용어를 숙지하는 데 집중하자.

한편, 그림 3-5와 같이 **ARP 요청과 응답이 일어나는 공간을 ARP 영역**이라고 한다.

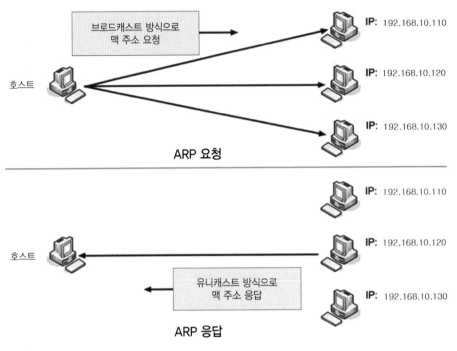

브로드캐스트 방식으로
맥 주소 요청

호스트

IP: 192.168.10.110

IP: 192.168.10.120

IP: 192.168.10.130

ARP 요청

IP: 192.168.10.110

호스트

IP: 192.168.10.120

유니캐스트 방식으로
맥 주소 응답

IP: 192.168.10.130

ARP 응답

그림 3-1

그림 3-1과 같이 **ARP 동작이 동일한 네트워크 ID를 공유하는 호스트를 대상으로 맥 주소를 구하는 기능**인 만큼 **ARP 영역 자체가 곧 LAN 영역 자체를 의미**한다. 이것은 LAN 영역에 대한 또 다른 차원의 개념에 해당한다.

1장에서 다룬 네트워크 ID와 2장에서 다룬 맥 주소 그리고 3장에서 다룬 ARP 영역을 기반으로 LAN 영역을 정의하면 표 3-5와 같이 정리할 수 있다.

표 3-5

관점	정의
네트워크 ID	동일한 네트워크 ID를 공유하는 공간
스위칭	맥 주소에 기반해 내부 통신이 가능한 공간
ARP 영역	단일한 ARP 영역을 생성하는 공간

표 3-5에 따르면 LAN 영역이란 동일한 네트워크 ID를 공유하는 공간이고, 맥 주소에 기반해 스위칭 방식으로 내부 통신을 수행하는 공간이며, 단일한 ARP 영역을 생성하는 공간이라고 할 수 있다. 모르는 부분이 있다면 다시 한번 1장부터 차분하게 읽어보기 바란다.

데비안 운영체제에서 ARP 캐시 테이블과 관련한 명령어는 예제 3-5와 같다.

```
root@debian:~# arp -?
Usage:
  arp [-vn]  [<HW>] [-i <if>] [-a] [<hostname>]            <-Display ARP cache
  arp [-v]           [-i <if>] -d  <host> [pub]             <-Delete ARP entry
  arp [-vnD] [<HW>] [-i <if>] -f  [<filename>]           <-Add entry from fil
  arp [-v]   [<HW>] [-i <if>] -s  <host> <hwaddr> [temp]        <-Add entry
  arp [-v]   [<HW>] [-i <if>] -Ds <host> <if> [netmask <nm>] pub      <-''-

        -a                      display (all) hosts in alternative (BSD)
                                style
        -e                      display (all) hosts in default (Linux)
                                style
        -s, --set               set a new ARP entry
        -d, --delete            delete a specified entry
        -v, --verbose           be verbose
        -n, --numeric           don't resolve names
        -i, --device            specify network interface (e.g. eth0)
        -D, --use-device        read <hwaddr> from given device
        -A, -p, --protocol      specify protocol family
        -f, --file              read new entries from file or from /etc/
                                ethers

  <HW>=Use '-H <hw>' to specify hardware address type. Default: ether
  List of possible hardware types (which support ARP):
    ash (Ash) ether (Ethernet) ax25 (AMPR AX.25)
    netrom (AMPR NET/ROM) rose (AMPR ROSE) arcnet (ARCnet)
    dlci (Frame Relay DLCI) fddi (Fiber Distributed Data Interface) hippi
    (HIPPI)
    irda (IrLAP) x25 (generic X.25) eui64 (Generic EUI-64)
```

예제 3-5

단순히 ARP 캐시 테이블을 보는 경우라면 예제 3-6과 같이도 확인할 수 있다.

```
root@debian:~# cat /proc/net/arp
IP address       HW type      Flags      HW address            Mask      Device
192.168.10.2     0x1          0x2        00:50:56:ec:c3:ba      *         eth0
192.168.10.1     0x1          0x2        00:50:56:c0:00:08      *         eth0
```

예제 3-6

4

DNS 캐시 테이블의 이해

3장에서는 ARP 캐시 테이블을 통해 ARP 동작을 설명했다. 4장에서는 DNS 캐시 테이블을 통해 2장에서 소개한 DNS 동작을 좀 더 구체적으로 설명하겠다. **ARP 캐시 테이블과 DNS 캐시 테이블은 인터넷 사용 시 아주 중요**하다.

명령 프롬프트 창에서 예제 4−1과 같이 `ipconfig/flushdns` 명령어와 `ipconfig/displaydns` 명령어를 반복해서 입력한다(관리자 계정이 아니라면 안 되는 경우도 있다).

```
C:\>ipconfig/flushdns

Windows IP 구성

DNS 확인자 캐시를 플러시했습니다.

C:\> ipconfig/displaydns
```

예제 4−1

```
C:\>ping police.go.kr

Ping police.go.kr [116.67.118.148] 32바이트 데이터 사용:
요청 시간이 만료되었습니다.
요청 시간이 만료되었습니다.
요청 시간이 만료되었습니다.
요청 시간이 만료되었습니다.

116.67.118.148에 대한 Ping 통계:
    패킷: 보냄 = 4, 받음 = 0, 손실 = 4 (100% 손실),

C:\>
```

예제 4-2

이제부터 표 2-3의 내용을 기반으로 예제 4-2처럼 **목적지 주소로 입력한 police.go.kr 도메인 네임을 IP 주소 116.67.118.148번으로 바꾸는 일련의 과정**을 알아보겠다.

사용자가 도메인 네임을 입력하면 윈도우 운영체제는 해당 도메인 네임에 대응하는 IP 주소를 다음과 같은 경로에 위치한 파일에서 먼저 검색한다.

    C:\Windows\System32\drivers\etc\hosts

hosts 파일에는 확장자가 없지만 더블클릭하면 그림 4-1처럼 해당 내용이 열린다.

```
# Copyright (c) 1993-2009 Microsoft Corp.
#
# This is a sample HOSTS file used by Microsoft TCP/IP for Windows.
#
# This file contains the mappings of IP addresses to host names. Each
# entry should be kept on an individual line. The IP address should
# be placed in the first column followed by the corresponding host name.
# The IP address and the host name should be separated by at least one
# space.
#
# Additionally, comments (such as these) may be inserted on individual
# lines or following the machine name denoted by a '#' symbol.
#
# For example:
#
#      102.54.94.97     rhino.acme.com          # source server
#       38.25.63.10     x.acme.com              # x client host

# localhost name resolution is handled within DNS itself.
#       127.0.0.1       localhost
#       ::1             localhost
```

그림 4-1

그림 4-1에는 예제 4-2에서 입력한 police.go.kr 도메인 네임이 없다. 이런 경우 예제 4-1에서 본 바와 같이 DNS 캐시 테이블에서 해당 도메인 네임에 대응하는 IP 주소를 검색한다. DNS 캐시 테이블에서 police.go.kr 도메인 네임을 검색했다면, 도메인 네임에 대응하는 IP 주소를 참조해 해당 사이트로 접속한다. 그렇지만 DNS 캐시 테이블에서조차 해당 도메인 네임이 없다면 운영체제는 로컬 DNS 서버의 IP 주소로 police.go.kr 도메인 네임에 대한 질의를 요청한다(표 2-1에서처럼 168.126.63.1번과 168.126.63.2번이다).

운영체제는 로컬 DNS 서버로부터 도메인 네임에 대한 IP 주소를 응답받으면 해당 내용을 예제 4-4에서와 같이 DNS 캐시 테이블에 반영한다. ARP 요청을 받아 목적지 맥 주소를 ARP 캐시 테이블에 반영하는 이치와 똑같다.

```
C:\>ipconfig/displaydns

Windows IP 구성
```

```
police.go.kr
--------------------------------------------
데이터 이름 . . . . . : police.go.kr
데이터 유형 . . . . . : 1
TTL(Time To Live) . : 359
데이터 길이 . . . . . : 4
섹션 . . . . . . . . : 응답
(호스트) 레코드 . . . : 116.67.118.148

C:\>
```

예제 4-3

예제 4-3에서와 같이 police.go.kr 도메인 네임에 대한 정보를 볼 수 있다. 이처럼 도메인 네임과 IP 주소의 대응 관계를 저장한 테이블을 **DNS 캐시 테이블**이라고 한다. 또한 앞에서 사용한 ipconfig/flushdns 명령어와 ipconfig/displaydns 명령어는 각각 DNS 캐시 테이블을 삭제하고 출력해주는 명령어다.

ARP 동작과 DNS 동작을 비교하면 표 4-1과 같다.

표 4-1

순서	ARP 동작	DNS 동작
1	출발지 · 목적지 네트워크 ID 비교	hosts 파일 검색
2	ARP 캐시 테이블 검색	DNS 캐시 테이블 검색
3	ARP 요청과 응답 수행	DNS 요청과 응답 수행
4	ARP 캐시 테이블에 목적지 맥 주소 반영	DNS 캐시 테이블에 목적지 IP 주소 반영

지금 단계에서는 감이 안 올 수 있지만 표 4-1에서 ARP 캐시 테이블과 DNS 캐시 테이블의 공통점을 발견할 수 있겠는가?

곰곰이 생각해보면 ARP 캐시 테이블은 IP 주소와 맥 주소의 대응 관계를 저장하고, DNS 캐시 테이블은 도메인 네임과 IP 주소의 대응 관계를 저장하는 일종의 데이터베이스라고 할 수 있다. 이것이 바로 ARP 캐시 테이블과 DNS 캐시 테이블 사이의 공통점이다. 너무 뻔한 답변인가?

그렇지만 대응 관계에 대한 정보를 저장하는 데이터베이스에서 부적절한 대응 관계가 일어난다면 사용자가 인터넷에 접속할 때 어떤 결과가 나타날까? 다시 말해, ARP 캐시 테이블에 라우터의 맥 주소가 아닌 다른 누군가의 맥 주소이거나 DNS 캐시 테이블에 도메인 네임에 대응하는 IP 주소가 실제 IP 주소와 다른 IP 주소라고 한다면 과연 사용자는 자신이 원하는 목적지로 정확하게 갈 수 있을까?

이처럼 ARP 캐시 테이블과 DNS 캐시 테이블에 저장한 대응 관계를 조작해 수행하는 공격을 각각 **ARP 스푸핑**Spoofing **공격**과 **DNS 스푸핑 공격**이라고 한다. DNS 스푸핑 공격을 **파밍**Pharming **공격**이라고도 한다.

DNS 스푸핑 공격은 hosts 파일 변조를 통해서도 가능하다. 운영체제는 DNS 검색 시 hosts 파일을 우선적으로 참조하기 때문에 치명적일 수밖에 없다. 그림 4-1의 **hosts 파일 맨 마지막 줄에 203.232.224.4 police.go.kr이라고 입력한 뒤 저장**하고 웹 브라우저 주소창에 police.go.kr 도메인 네임을 입력해보기 바란다.

공격자가 DHCP 서버를 장악해도 위험하다. 표 2-2에서와 같이 DHCP 서버는 클라이언트에게 DNS 서버 IP 주소도 할당해주는데, 공격자가 가짜 DNS 서버 IP 주소를 할당하면 클라이언트 사용자는 결국 가짜 DNS 서버를 이용할 수밖에 없기 때문이다. 이것을 **DHCP 스푸핑 공격**이라고 한다(16장에서 다시 한번 설명하겠다).

이것이 3장과 4장을 시작하면서 ARP 캐시 테이블과 DNS 캐시 테이블의 중요성을 강조한 이유다.

뫼비우스의 띠를 통해 본
미래의 계시록 〈터미네이터〉

수학에는 뫼비우스의 띠^{Mobius's strip}라는 개념이 있다. 뫼비우스의 띠는 비틀어진 속성 때문에 공간적으로 안과 밖의 경계가 없다. 또한 처음과 끝의 구분도 없다. 그럼 뫼비우스의 띠를 단순히 공간에만 머물게 하지 않고 시간으로까지 적용한다면 어떤 현상이 일어날까? 아마 원인이 결과를 지배하면서 결과 역시도 원인을 지배하지 않을까? 과연 우리에게 주어진 미래의 운명이란 무엇을 의미하는가?

우리는 **제임스 카메론**^{James Francis Cameron}의 〈터미네이터^{The Terminator}〉를 통해 이와 관련한 단서를 확인할 수 있다.

속편으로 이어진 〈터미네이터〉는 미래를 배경으로 시작한다. 2029년의 지구는 인공지능을 내장한 기계가 인류를 지배하는 세상이다. 정확히는 지구의 지배권을 두고 기계와 인류가 벌인 전쟁으로 얼룩진 세상이다. 매일 밤, 도시 곳곳에서 처절한 전투가 일어난다.

인류가 존 코너라는 지도자를 중심으로 격렬한 저항을 계속하자, 기계 측에서 타임 머신을 통해 T-800이라는 살인 기계를 존 코너가 태어나기 전의 시점으로 보낸다. 그가 태어나기 전에 그를 출산할 사라 코너를 살해함으로써 미래의 반란 지도자를 제거하려는 의도다. 이에 대항해 존도 카일 리스라는 병사를 과거로 보낸다.

1984년, T-800과 카일 리스는 사라를 사이에 두고 생사를 건 전투를 시작한다. 이 과정에서 사라는 필사적으로 자신을 경호하려는 카일과 관계를 가지면서 아이를 임신한다. 이 아이가 바로 존이다. 여기서부터 〈터미네이터〉는 그 끝을 알 수 없는, 아니 더 정확히 말해 특정 사건이 분명하게 일어날 미래를 향해 가면서도 결코 그 사건의 처음과 끝을 예측할 수 없는 뫼비우스의 띠로 들어선다.

카일은 T-800과의 사투에서 사망하고, 결국 사라가 T-800를 제거한다. 이를 통해 사라는 연약하고 평범한 여자에서 여전사로 성장한 자기 자신을 발견한다.

폭풍우가 다가오는 음산한 날씨에 드넓은 사막의 도로를 따라 자동차로 질주하는 사라의 모습을 통해 우리는 암울한 미래를 당당하게 받아들이고자 하는 주인공의 의지와 함께 〈터미네이터〉의 속편을 시사하는 감독의 의도를 분명하게 읽을 수 있다.

〈터미네이터〉는 단순히 저예산 제작비를 통해 흥행에 성공한 모범적인 공상 과학 영화가 아니다. 〈터미네이터〉는 여러 각도에서 당시의 시대 현실을 해석하고 비판할 수 있는 여지를 상당 부분 남겼다.

일례로 **스카이넷**이 인간의 통제를 거부한 1997년 8월 29일에서 '8월 29일'은 1949년 구소련에서 핵폭탄 실험에 성공한 날이다. 영화 개봉 당시가 냉전 시대라는 점을 고려했을 때, 이 영화는 소련에 대한 미국인들의 불안 심리를 우회적으로 보여준다. 속편도 이런 불안 심리를 그대로 반영한다. 영화에서 기계 인간은 핵 전쟁이 스카이넷에 의한 러시아의 핵 선제 공격에서 시작한다고 설명하는데, 이는 소련 해체 이후에도 러시아를 강력한 경쟁 상대로 간주하는 미국인들의 시각을 반영한다.

동시에 인간의 통제를 거부하면서 섬뜩한 금속성 살기를 토하는 살인 기계에 대한 인간의 전율과 공포는 상품 사회에서 자신의 생산물로부터 소외 당한 노동자가 생산 기계를 대하는 좌절이나 절망 등과 맥락을 같이 한다. 2029년에 일어나는 기계와 인간의 전면전은 이러한 소외로부터 시작한 공포와 절망이야말로 시간이 흐를수록 더욱 광범위하게 이어질 수도 있다는 암울한 전망을 제시한다.

그러나 〈터미네이터〉는 궁극적으로 암울한 미래에 직면할 운명일지라도 결코 포기하거나 좌절하지 않는 의지가 있는 한, 인간에게는 불행한 환경을 극복할 수 있는 강인하고 역동적인 생명력이 있음을 암시한다. 주인공들의 이런 역동적인 활약은 속편을 통해 좀 더 구체적으로 볼 수 있다.

〈터미네이터〉에서 또한 빼놓을 수 없는 부분이 바로 아놀드의 연기력이다. 그는 이전까지 어눌한 영어와 무표정한 표정 등으로 B급 영화의 주인공으로만 맴돌았다. 그러나 그는 〈터미네이터〉를 통해 그러한 결점도 배역에 따라 커다란 장점으로 작용할 수 있음을 보여줬다. T-800이 마치 아놀드를 위해 존재하는 기계 인간인 것처럼 그의 연기는 뛰어났다. 동시에 그의 연기는 기계의 동작을 통해서도 공포 이미지를 관객에게 얼마든지 부여할 수 있음을 입증했다.

지금의 공상 과학 영화와 비교할 때 분명 조잡한 특수 효과일 수밖에 없지만 아직까지도 우리가 찬사와 박수를 보내는 이유도 여기에 있다.

⑤

UDP 방식과 TCP 방식

서양에서는 사람을 특징에 따라 흔히 돈키호테 유형과 햄릿 유형으로 분류하곤 한다. 돈키호테는 저돌적인 성격인 반면, 햄릿은 매우 신중한 성격이다.

인터넷 공간에서 데이터를 전송할 때도 이처럼 돈키호테 유형의 전송 방식과 햄릿 유형의 전송 방식이 있다. UDP^{User Datagram Protocol} 방식이 **돈키호테 유형**에 해당하고, TCP^{Transmission Control Protocol} 방식이 **햄릿 유형**에 해당한다.

UDP 전송 방식은 송신 측 호스트에서 송신 데이터가 생기면 곧바로 수신 측 호스트에게 전송을 수행한다. 수신 측에서 수신할 수 있는지 여부는 고려하지 않는다. 전송 중 오류가 생기는 것도 고려하지 않는다. **무조건 전송만을 수행**할 뿐이다.

그러나 **TCP 방식은 우아한 형태로 전송을 수행**한다.

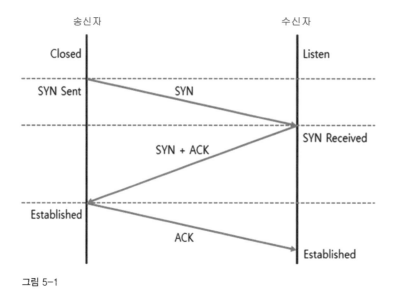

송신자   수신자

Closed   Listen

SYN Sent ──── SYN ────▶ SYN Received

──── SYN + ACK ────

Established ────   ────▶

──── ACK ────▶ Established

그림 5-1

송신 측 호스트에서 송신 데이터가 생기면, 수신 측 호스트에게 **SYN**이라고 부르는 일종의 동기화 신호를 전송한다. 수신 가능 여부를 묻는 것이다. 수신 측에서는 송신 측에서 보낸 SYN 신호에 대해 **ACK · SYN**(또는 SYN · ACK)라고 부르는 신호로 응답을 보낸다. ACK는 송신 측 요청에 대한 수락을 의미하고, SYN은 수신 측에서 역으로 송신 측에게 동기화를 요청한다는 의미다. 수신 측에서 어떤 이유로 ACK · SYN 신호를 보낼 수 없다면 송신 측에서는 일정 시간 대기한 뒤 다시 SYN 신호를 보낸다. 송신 측 호스트가 수신 측 호스트로부터 ACK · SYN 신호를 받으면 다시 **ACK** 신호를 전송한다. 수신 측 동기화 여부를 요청하는 SYN 신호에 대한 응답이다. 이러한 3단계 동기화 과정을 마친 뒤 송신 측과 수신 측 사이에 실제 데이터를 주고받는다. 그림 5-1과 같이 **전송 전에 수행하는 일련의 과정을 3단계 연결 설정**3-Way Handshaking이라고 부른다.

3단계 연결 설정을 통해 송신자와 수신자 사이에 연결을 확립한 뒤 실제 데이터를 전송하는 과정에서도 TCP 방식은 우아한 형태를 계속 유지한다. 송신 측에서 데이터를 전송한 뒤 수신 측으로부터 ACK 신호를 받을 때까지 대기한다. 임의의 시간을 대기한 뒤에도 수신 측으로부터 ACK 신호가 없다면 전송 중 오류가 발생했다고 판단하고 해당 데이터를 다시 전송해준다. 수신 측으로부터 ACK 신호가 오면 송신 측에서는 비로소 그 다음 데이터를 전송해준다.

TCP 방식의 우아한 형태는 데이터 전송을 마친 뒤에도 이어진다.

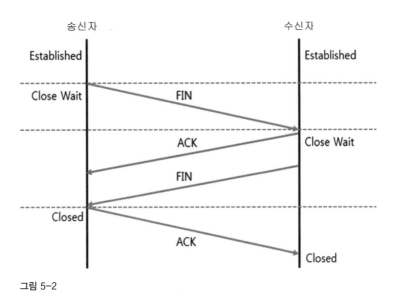

그림 5-2

송신 측에서 데이터를 모두 전송했다면 FIN이라고 부르는 신호를 전송한다. 수신 측과 연결을 종료하겠다는 의미다. 그러면 수신 측에서는 ACK · FIN(또는 FIN · ACK)이라고 부르는 신호로 응답을 보낸다. 송신 측에서는 수신 측으로부터 받은 FIN 신호에 대한 응답으로 ACK 신호를 마지막으로 보낸 뒤 최종적인 연결을 종료한다. 이와 같이 **전송 후에 수행하는 일련의 과정을 3단계 연결 종료**3-Way Terminating라고 부른다. 만약 송신 측에서 FIN 신호를 보낸 직후 수신 측에서 아직까지 데이터를 처리하는 도중이라면 ACK 신호를 먼저 보내고 처리가 끝나면 그때서야 FIN 신호를 보낸다. 이런 경우에는 그림 5-2와 같이 **4단계 연결 종료**4-Way Terminating라고 부른다.

TCP 동작 방식을 정리하면 표 5-1과 같다.

표 5-1

단계	동작 방식	사용 신호
전송 전	3단계 연결 설정 수행	SYN과 ACK
전송 중	실제 데이터 송·수신 수행	PUSH와 ACK
전송 후	3/4단계 연결 종료 수행	FIN과 ACK

표 5-1에서 언급한 **PUSH** 신호는 실제 데이터를 전송할 때 사용하는 신호다.

TCP 방식이 **3단계 연결 설정**과 **3/4단계 연결 종료**를 수행할 수 있는 이유는 **버퍼링** Buffering 방식 때문이다. 다시 말해, **UDP 방식**과 **TCP 방식을 버퍼링 유무에 따라 구분**할 수 있다. UDP 방식의 경우에는 버퍼링 기능이 없기 때문에 일방적인 전송만을 수행한다. 반면 TCP 방식의 경우에는 버퍼링 기능이 있기 때문에 송신자와 수신자 사이에 3단계 연결 설정과 3/4단계 연결 종료 같은 일련의 상호작용이 가능하다. 따라서 UDP 방식은 **시간에 민감한 환경에서 사용**하고, TCP 방식은 **안정적인 전송을 요구하는 환경에서 사용**한다. UDP 방식은 일련의 제어가 없어 신뢰성은 떨어지지만 그만큼 빠른 전송이 가능하다. TCP 방식은 UDP 방식과 달리 전송 중 오류 등을 제어할 수 있는 반면, 버퍼링 과정이 필요하기 때문에 처리 지연이 발생할 수밖에 없다.

위와 같은 내용을 염두에 두고 명령 프롬프트 창에 netstat -n 명령어를 입력한다.

```
C:\>netstat -n

활성 연결

프로토콜     로컬 주소              외부 주소                상태
TCP         127.0.0.1:5354        127.0.0.1:49156         ESTABLISHED
TCP         127.0.0.1:5354        127.0.0.1:49157         ESTABLISHED
```

```
TCP       127.0.0.1:49156        127.0.0.1:5354          ESTABLISHED
TCP       127.0.0.1:49157        127.0.0.1:5354          ESTABLISHED
TCP       127.0.0.1:49191        127.0.0.1:49192         ESTABLISHED
TCP       127.0.0.1:49192        127.0.0.1:49191         ESTABLISHED
TCP       192.168.0.13:49167     103.6.173.8:80          ESTABLISHED
```

예제 5-1

예제 5-1의 내용은 192.168.0.13번과 103.6.173.8번 사이에서 TCP 3단계 연결 설정을 마치고 실제 데이터를 주고받는 상태다(표 5-1의 전송 중 단계에 해당). 로컬 주소란 자기 자신, 즉 출발지 주소를 의미하고, 외부 주소는 목적지 주소를 의미한다. 이처럼 netstat -n 명령어를 이용하면 TCP 방식에 따라 외부와의 연결 상태를 확인할 수 있다.

예제 5-1의 결과를 자세히 보면 80 또는 49167 같은 숫자를 볼 수 있다. 이것을 **포트 번호**Port Number라고 부르며, 포트 번호와 IP 주소를 통칭해 **소켓**Socket이라고 부른다. 더 정확히 말하자면 소켓이란 **운영체제가 논리적인 방식에 따라 서로 떨어진 두 대의 호스트를 연결해주는 인터페이스를 의미**한다. 또한 **소켓 생성은 운영체제가 통신에 필요한 내부 자원을 할당한다는 의미**이기도 하다. 소켓 방식은 1982년 유닉스 기반의 BSD 운영체제에서 처음 등장했다.

포트 번호는 맥 주소와 IP 주소처럼 인터넷 공간에서 사용하는 주소다. **맥 주소가 48비트이고 IP 주소가 32비트**라고 한다면, **포트 번호는 16비트**로 이뤄진 주소다. 다시 말해 IP 주소를 기준으로 **맥 주소가 물리적 주소**에 해당한다면, **포트 번호는 가상적 주소에 해당**한다.

표 5-2

구분	크기	구성 체계	비고
포트 번호	16비트	단일 체계	전송 계층
IP 주소	32비트	네트워크 ID와 호스트 ID	인터넷 계층
맥 주소	48비트	OUI와 일련번호	데이터 링크 계층

포트 번호의 정확한 개념은 TCP/IP 구조를 통해서만 명확히 이해할 수 있기 때문에 여기서는 이 정도로만 설명하겠다(9장에서 더욱 자세히 설명하겠다). 다만 표 5-3에 제시한 내용만큼은 반드시 기억해주기 바란다.

표 5-3

포트 번호	해당 서비스	비고
20/21번	FTP	TCP 방식
22번	SSH	TCP 방식
23번	TELNET	TCP 방식
25번	SMTP	TCP 방식
53번	DNS	UDP/TCP 방식
67 · 68번	DHCP	UDP 방식
80번	HTTP	TCP 방식
110번	POP3	TCP 방식
161 · 162번	SNMP	UDP/TCP 방식
443번	SSL	TCP 방식

표 5-3에서 제시한 해당 서비스 내용은 구글 사이트 등을 통해 검색해보기 바란다.

❻

데이터 전송 단위

철수와 영희가 휴대전화를 이용해 대화를 나누는 상황이라고 하자.

철수와 영희가 나누는 대화 내용을 데이터라고 부를 수 있다. 이들은 목소리라는 매체를 이용해 서로 데이터를 주고받는다. 이때 데이터를 생성하는 주체는 철수와 영희, 즉 사람이다. **사람은 음성 통신의 주체다.** 사람의 머리에서 떠오른 생각을 입을 통해 주고받는 것이 바로 음성 통신이다. 반면, **운영체제가 수행하는 통신은 비음성 통신이다.** 통신 주체가 운영체제다. 다시 말해, 데이터를 생성하고 전송하는 주체가 운영체제다.

이제부터 음성 통신이 아닌 **비음성 통신 관점에서 전송 데이터의 구성을 설명**하겠다. 먼저 편지의 구성부터 알아보겠다.

전자 우편에 밀려 지금은 과거처럼 많이 주고받지 않지만 **편지의 구성**을 보면 **편지지**와 **편지 봉투**로 나눌 수 있다. 편지지에 상대방에게 보내는 자신의 글을 적은 다음 편지지를 편지 봉투에 넣고 편지 봉투에 보내는 사람의 주소와 받는 사람의 주소를 적는다. 우체국에서 우표를 사서 편지 봉투에 붙인 뒤 우체통에 넣으면 편지를 원하는 사람에게 보낼 수 있다. 이때 **편지지는 실제 정보를 담는 부분**이고 **편지 봉투는 주소 정보를 담는 부분**이라고 할 수 있다. 주소 정보를 적은 편지 봉투가 없다면 실제 정보를 담은 편지지는 상대방에게 전송할 수 없다.

이제 운영체제가 생성하고 전송하는 데이터 구성을 편지와 비교해보겠다. **편지를 데이터**Data라고 한다면, **편지지를 페이로드**payload라고 하며 **편지 봉투를 헤더**header라고 한다. **페이로드는 편지지와 같이 사용자가 상대방에게 전송하고자 하는 실제 정보가 담긴 공간**이고, **헤더는 편지 봉투와 같이 보내는 사람의 주소**(출발지 주소)**와 받는 사람의 주소**(목적지 주소)**가 담긴 공간**이다. 운영체제가 전송하는 데이터 구성은 그림 6-1과 같다.

페이로드	헤더 1	헤더 2	헤더 3

그림 6-1

그림 6-1을 현실에서 구현한다면 세 겹의 편지 봉투에 쌓인 편지지 모습이 나온다. 상상할 수 있겠는가?

그림 6-1의 구조를 좀 더 자세히 설명하겠다.

운영체제는 전송하고자 하는 페이로드를 생성하고 페이로드에 상대방에게 보내고자 하는 내용을 담는다. 이처럼 페이로드만으로 이뤄진 데이터 전송 단위를 **메시지**message라고 부른다. 즉, **편지지만 있는 상태**라고 할 수 있겠다.

메시지를 생성하면 그림 6-2처럼 그 앞에 첫 번째 헤더가 붙는다. 첫 번째 헤더에 담긴 핵심 정보는 **출발지 포트 번호와 목적지 포트 번호**다. 이러한 데이터 전송 단위를 **데이터그램**datagram 또는 **세그먼트**segment라고 부른다.

UDP/TCP 페이로드	데이터그램 또는 세그먼트 헤더

그림 6-2

그림 6-2처럼 **페이로드 앞에 붙는 첫 번째 헤더를 데이터그램 헤더 또는 세그먼트 헤더라**고 부른다. 페이로드가 UDP 속성이면 데이터그램 헤더^{Datagram Header}라고 부르고, TCP 속성이면 세그먼트 헤더^{Segment Header}라고 부른다.

이러한 전송 단위의 차이는 UDP 방식과 TCP 방식의 또 다른 차이점에 기인한다. **단편화**^{Fragmentation}라는 개념이다. 단편화란 **데이터를 분할**한다는 의미다. 다시 말해, **생성한 페이로드 영역을 여러 개로 조각낸 뒤 전송하는 기법**이 단편화다. 단편화는 **전송의 효율성과 데이터의 기밀성 등을 위해 사용**한다.

단편화는 TCP 방식에만 있다. 따라서 **단편화가 없는 UDP 속성의 페이로드 앞에 헤더가 붙었을 때 데이터그램**이라고 하며, **단편화가 있는 TCP 속성의 페이로드 앞에 헤더가 붙었을 때 세그먼트**라고 한다. 결론적으로 **버퍼링과 단편화 유무에 따라 UDP 방식과 TCP 방식을 구분**한다. 정리하면 표 6-1과 같다.

표 6-1

구분	UDP 방식	TCP 방식
페이로드 크기	512바이트 미만	512바이트 이상
버퍼링	없음	있음
단편화	없음	있음
전송 단위	데이터그램	세그먼트

버퍼링과 단편화를 수행하는 TCP 동작에 대해서는 9장에서 좀 더 자세히 설명하겠다. 특별한 언급이 없다면 일단 **데이터그램 전송 단위를 기준으로 설명**하겠다.

데이터그램 헤더에서 핵심은 5장에서 설명한 **포트 번호**다. 상대방 운영체제에서는 데이터그램 헤더에 담긴 포트 번호를 통해 페이로드의 내용이 어떤 종류의 서비스에 해당하는지를 **판단할 수 있다.** 이때 목적지 포트 번호에는 일반적으로 표 5-3에서 언급한 번호가 있고, 출발지 포트 번호에는 1024번 이후의 포트 번호가 있다. 다시 말해, **사용자가 어떤**

웹사이트에 접속한다면 운영체제에서는 임의의 1024번 이후 포트 번호를 출발지 포트 번호로 할당하고, 목적지 포트 번호에는 웹에서 사용하는 80번 포트 번호를 할당한다.

데이터그램을 완성하면 새로운 헤더가 그림 6-3처럼 붙는다. 이러한 데이터 전송 단위를 **패킷**packet이라고 부른다.

UDP 페이로드	데이터그램 헤더	패킷 헤더

그림 6-3

그림 6-3에서와 같이 데이터그램 앞에 붙은 두 번째 헤더를 **패킷 헤더**Packet Header라고 하며 **출발지 IP 주소**와 **목적지 IP 주소**가 핵심 정보다. 출발지 IP 주소는 자기 자신의 IP 주소를 의미하며 목적지 IP 주소는 상대방의 주소를 의미한다. 사용자가 웹 브라우저의 주소창에 도메인 네임을 입력하면 DNS 서비스에 의해 IP 주소로 변환된 뒤 패킷 헤더의 목적지 IP 주소 항목에 담긴다. 라우터 장비가 라우팅 기능을 수행할 때 참조하는 부분이 바로 패킷 헤더다. 구체적인 라우팅 과정까지 알 필요는 없다. 다만 라우터가 처리하는 패킷이 그림 6-3과 같은 형태로 **라우터 운영체제가 패킷 헤더 부분을 참조해 라우팅 기능을 수행**한다는 점만 기억하기 바란다.

패킷을 완성하면 그림 6-4처럼 마지막 헤더가 패킷 헤더 앞에 다시 붙는다.

UDP 페이로드	데이터그램 헤더	패킷 헤더	프레임 헤더

그림 6-4

이러한 데이터 전송 단위를 **프레임**frame이라고 부르며, 패킷 앞에 붙는 세 번째 헤더를 **프레임 헤더**Frame Header라고 부른다. **데이터그램 헤더**에는 **포트 번호**가 담기고 **패킷 헤더**에는 **IP 주소**가 담기는 것처럼 **프레임 헤더**에는 **맥 주소**가 담긴다. 또한 스위치 장비가 스위칭 기능을 수행할 때 참조하는 부분도 프레임 헤더다. 그런데 프레임 헤더는 스위칭 통신 영역과 라우팅 통신 영역에 있을 때 담는 정보가 다르다. 다시 말해 **프레임 헤더가 LAN 영역에 있는 경우에는 맥 주소가 있지만, WAN 영역에 있는 경우 맥 주소 자리에** 다른 무언가로 채워진다(14장에서 좀 더 자세히 설명하겠다). 반면, **LAN 영역과 WAN 영역에서도 데이터그램 헤더와 패킷 헤더의 주소는 변하지 않는다.**

표 6-2

구분	LAN 영역	WAN 영역
데이터그램 헤더	출발지 · 목적지 포트 번호	출발지 · 복적지 포트 번호
패킷 헤더	출발지 · 목적지 IP 주소	출발지 · 목적지 IP 주소
프레임 헤더	출발지 · 목적지 맥 주소	WAN 프로토콜에 대한 정보

또한 패킷 헤더에서 출발지 IP 주소의 네트워크 ID와 목적지 IP 주소의 네트워크 ID가 다르다면 프레임 헤더의 목적지 맥 주소는 라우터의 맥 주소를 의미한다. 이해할 수 있겠는가? 3장에서 ARP 동작을 충분히 이해했다면 알 수 있는 내용이다.

끝으로, 프레임 단위를 생성한 데이터는 **비트**^{Bit}로 변환한다.

메시지 단위에서 시작해 비트 단위까지 변환하는 일련의 데이터 전송 단위를 정리하면 표 6-3과 같다.

표 6-3

데이터 전송 단위	주요한 헤더 정보	비고
메시지		페이로드
데이터그램/세그먼트	출발지 · 목적지 포트 번호	
패킷	출발지 · 목적지 IP 주소	데이터 전송 단위의 총칭
프레임	출발지 · 목적지 맥 주소	LAN 영역에 있는 경우
비트		

경우에 따라서는 일련의 데이터 전송 단위 전체를 단순히 **패킷으로 총칭**하기도 한다.

더불어, 생성한 페이로드 앞에 일련의 헤더를 붙이는 과정을 **인캡슐레이션**encapsulation이라고 한다. 편지지를 편지 봉투에 넣는 것과 같다. 편지를 받은 사람이 편지 봉투에서 편지지를 꺼내는 것과 마찬가지로 일련의 헤더를 떼는 과정을 **디캡슐레이션**decapsulation이라고 한다. 즉 운영체제가 **데이터를 송신하는 과정**은 메시지에서 데이터그램으로, 데이터그램에서 패킷으로, 패킷에서 프레임으로, 프레임에서 비트로 변환하는 **일련의 인캡슐레이션**이고, 반대로 **데이터를 수신하는 과정**은 비트를 프레임으로, 프레임을 패킷으로, 패킷을 데이터그램으로, 데이터그램을 메시지로 변환하는 **일련의 디캡슐레이션**이라고 할 수 있겠다.

일련의 인캡슐레이션 과정은 객체 지향 언어 기법에서 사용하는 정보 은폐 기법을 의미하기도 한다. 다시 말해, 라우터는 오직 패킷 헤더만 읽을 수 있을 뿐 세그먼트/데이터그램 헤더 이하는 읽을 수 없다. 스위치 또한 오직 프레임 헤더만 읽을 수 있을 뿐 패킷 헤더 이하는 읽을 수 없다.

공상 과학 영화의 최고 걸작
⟨터미네이터 2: 심판의 날⟩

제임스 카메론의 ⟨**터미네이터 2: 심판의 날**Terminators 2: Judgment Day⟩은 1984년 1편이 나온 지 7년 만에 개봉했다.

전작은 사라 코너가 폭풍우가 다가오는 음산한 날씨에 드넓은 사막의 도로를 따라 자동차로 질주하는 장면으로 끝났다. 우리는 마지막 장면을 통해 암울한 미래를 당당하게 받아들이고자 하는 주인공의 강인한 의지와 함께 속편을 시사하는 감독의 의도를 읽을 수 있었다. 제임스 카메론은 1편을 제작하면서 이미 속편을 구상했다고 한다.

제임스 카메론은 관객들의 기대를 7년 만에 구현해냈다. 관객들은 열광적으로 호응했고, 속편은 전편을 압도하는 결과를 낳았다. 대중성뿐만 아니라 작품성도 전작보다 더 탁월했다는 평가를 받았다. ⟨터미네이터 2: 심판의 날⟩은 작품성과 대중성 모두에서 성공한 공상 과학 영화의 걸작이 아닐 수 없다.

⟨터미네이터 2: 심판의 날⟩은 개봉 다음 해인 1992년, 오스카 상 시상식에서 특수 효과상과 음향 효과 편집상을 수상했다. 그 외에도 영화와 관련된 상을 많이 수상했다.

2029년 인류는 1편에서와 같이 여전히 스카이넷이라는 인공지능에 지배당하고 있었다. 인공지능은 존 코너가 지도하는 인류 저항군을 분쇄하기 위해 존 코너가 출생하기 전인 1984년으로 살인 기계를 보내서 존 코너의 모친을 살해하려 시도하지만 실패한다.

이에 인공지능은 또 다시 과거로 살인 기계를 보낸다. 이전보다 더 강력한 재질인 액체 금속으로 생산한 **T-1000**이라는 살인 기계가 존 코너 제거 작전을 맡는다. 미래의 존 코너는 전투 중 생포한 기계 인간 T-800을 자신을 방어할 수단으로 결정하고, T-800의 마이크로프로세스를 다시 프로그래밍해 자신의 어린 시절로 보낸다. T-800과 T-1000이라는 두 기계 인간은 핵 전쟁을 개시하는 1997년 8월 29일을 향해 흘러가는 시간 저지와 동시에 어린 존 코너를 두고 치열한 전투를 전개한다.

제임스 카메론의 〈터미네이터 2: 심판의 날〉은 다섯 가지 측면에서 작품을 평가할 수 있다.

첫 번째로 특수 효과를 살펴보자. 속편은 전편보다 더 화려하고 탁월한 영상 기법을 선사한다. 특히 특수 액체를 실은 트럭이 전복하면서 T-1000이 얼어붙는 장면과 T-800이 얼어붙은 T-1000를 향해 권총을 발사하자 얼음 조각처럼 T-1000 형체가 산산조각 나는 장면, 그리고 다시금 용광로의 열기에 의해 조각난 파편들이 모이면서 원래의 T-1000 형체로 돌아가는 장면은 지금도 인상적이다.

두 번째로 배우들의 뛰어난 연기력을 꼽을 수 있다. 비록 오스카 상에서 출연 배우 그 누구도 상을 받지는 못 했지만 주인공들의 연기는 탁월했다. 특히 사라 코너를 통해 모성애와 여전사라는 두 가지 이미지를 동시에 보여준 린다 헤밀턴의 연기는 새로운 여성상을 창조할 만큼 인상적이었다. 린다는 시종일관 격렬한 총격전과 격투 장면 등을 통해 화면 가득 근육의 야성미를 발산했다. 또한 한겨울에 얼음 낀 금속의 표면과도 같이 냉혈적이고 잔인한 T-1000를 연기한 로버트 패트릭도 〈터미네이터 2: 심판의 날〉을 더 공포스럽고 전율적인 분위기로 이끄는 데 성공했다.

세 번째로 주목할 부분은 바로 1편과 똑같은 대사와 동작이다. 이러한 반복성의 도입은 영화를 시종일관 지배하는 팽팽한 긴장감과 잔인한 살인 장면 등으로부터 벗어나 순간적이나마 코믹적 요소로 작용케 한다. 동시에 관객들에게 1편과 2편 사이의 연속성을 상기시키는 요소로 작용한다는 점에서 반복성과 흥미도를 비례 관계로 절묘하게 이끈 감독의 노련미에 감탄을 보낸다.

네 번째로 확인할 부분은 영화의 주제와도 이어지는 역동성이다. 〈터미네이터 2: 심판의 날〉은 처음부터 끝까지 주어진 운명을 거부하고 바꾸려는 주인공들의 활약을 보여준다. 인간의 힘으로는 도저히 어쩔 수 없는 것처럼 보여지는 거대한 운명 앞에 이들은 결코 굴복하지 않는다. 이에 격렬하게 저항하는 일련의 장면들을 통해 감독은 인간의 의지와 노력이야말로 인류의 미래를 결정하는 실질적인 원동력이라는 점을 보여준다. 이를 가장 압축적으로 보여주는 장면은 영화 중반부에서 사라 코너가 탁자에 칼로 'No Fate(운명은 없다)'라는 문구를 새긴 부분이다.

마지막으로 감독은 인간 생명의 존엄성 호소와 함께 인간과 기계의 공존 가능성을 관객들에게 호소한다. 오직 살인만을 위해 존재하는 T-800은 존을 호위하는 과정에서 인명을 함부로 살상해서는 안 된다는 점을 배운다. 또한 T-800은 존을 통해 인간에게만 있는 웃음과 눈물의 의미도 배운다. 단순히 코믹적 요소로 간과할 수 있는 T-800의 어설프기 짝이 없는 미소 장면이 사실 기계가 웃음과 눈물이라는 인간의 감정을 배우는 과정임을 인식한다면, T-800이 용광로에 들어가면서 치켜세운 엄지 손가락의 의미를 좀 더 명확히 이해할 수 있다. 이 마지막 장면이야말로 오랜 시간이 흐른 지금까지도, 아니 앞으로도 영원히 〈터미네이터 2: 심판의 날〉을 수작으로 기억할 명장면이 아닐 수 없다.

7

TCP/IP 방식의 계층적 구조

7장부터 TCP/IP 프로토콜에 대한 본격적인 내용을 다룬다. 이전까지 다뤘던 내용은 TCP/IP 프로토콜을 다루기 위한 선수 내용에 해당한다. 무엇보다 **표 6-3**을 염두에 두고 하나씩 알아보자.

1973년 **빈튼 서프**^{Vinton Gray Cerf}와 **로버트 칸**^{Robert E. Kahn} 등이 비음성 통신을 구현하기 위한 설계도를 작성했다. **통신**이 **전송과 제어**로 이뤄졌다는 기본 원리에 따라 이들은 먼저 그림 7-1과 같은 계층적 구조를 제시했다.

| TCP 방식에 기반해 오류를 제어하기 위한 계층 |
| IP 방식에 기반해 데이터를 전송하기 위한 계층 |

그림 7-1

당시는 **LAN 영역**과 **WAN 영역**, 그리고 **스위치**와 **라우터** 개념 등이 막 태동하던 시절이었다. 단지 **전송**과 **제어**라는 통신의 기본 내용을 인터넷 공간에서 구현하기 위한 구조로 등장한 개념이 바로 **TCP/IP 프로토콜**protocol이다. **프로토콜**이란 **호스트와 호스트 사이에서 사용하는 일종의 언어와 같은 개념**이다. 각기 다른 언어를 사용하면 서로 소통이 불가능한 것처럼, 프로토콜 역시 송신자와 수신자 사이에 동일하게 설정해야만 통신이 가능하다. 지금까지 소개한 IP · TCP · UDP · DHCP · DNS 등이 모두 프로토콜에 해당한다.

TCP/IP 프로토콜 개발에 착수하던 당시에는 인터넷 공간에 표준 프로토콜이 없었기 때문에 호스트 제작 업체마다 자신들만의 프로토콜을 이용해 통신을 수행했다. 이런 상황에서 TCP/IP 프로토콜도 인터넷 공간에서 사용하던 무수한 프로토콜 중 하나에 불과했다. 기원전 221년 진시황이 여러 왕조를 진(秦) 왕조로 통일한 뒤 진 왕조의 기준을 중원의 표준으로 정립한 것과 마찬가지로, 이후 TCP/IP 프로토콜은 다른 프로토콜을 압도해나가기 시작했다.

동시에 인터넷 공간에서 난립하던 무수한 프로토콜을 표준으로 통합하기 위해 ISO^{International Organization for Standardization}라는 기구에서는 OSI^{Open Systems Interconnection} **프로토콜**을 준비 중이었다. 그렇지만 OSI 프로토콜을 완성했을 때는 TCP/IP 프로토콜이 인터넷 공간에서 사실상 표준으로 자리잡았기 때문에 OSI 프로토콜은 막대한 비용과 시간을 투자했음에도 결국 인터넷 공간에서 표준 프로토콜로서 의미가 없어지고 말았다. 이후 OSI는 네트워크 동작 과정을 소개하는 기본 모형으로 자주 언급하곤 하지만, 이 책에서는 특별한 경우를 제외하곤 TCP/IP 프로토콜을 기준으로 설명하겠다.

인터넷 공간에서 표준으로 자리잡은 TCP/IP 프로토콜은 **인터넷 공간의 확장 · 대역폭의 확대 · 운영체제의 발전** 등이 이어지면서 여러 기능을 추가하기 시작했다. TCP/IP 프로토콜은 오늘날 **4계층**으로 이루어진 구조로 성장했지만 TCP/IP 프로토콜의 구조와 기능 등을 설명할 때는 일반적으로 그림 7–2처럼 4계층 구조가 아닌 **5계층** 구조로 설명한다.

계층 구분	해당 계층에 속하는 프로토콜 종류
응용	FTP・SSH・TELNET・SMTP・DNS・DHCP・HTTP・POP3・SNMP・SSL 등
전송	UDP・TCP
네트워크	IP・ICMP・IGMP・ARP・RARP
데이터 링크	이더넷・PPP 등
물리	

그림 7-2

OSI 프로토콜은 설계 당시부터 계층별 명칭을 부여했지만 TCP/IP 프로토콜에는 계층별 명칭이 없었다. 그래서 TCP/IP 프로토콜에서 사용하는 계층별 명칭은 학자나 기술자마다 다르다. 일례로, 어떤 책에서는 응용 계층이라는 명칭 대신 **프로세스 계층**이라고 부르기도 하며, 네트워크 계층을 **인터넷 계층**이라고 부르기도 한다. 또한 TCP/IP 프로토콜을 4계층으로 구분할 때는 데이터 링크 계층과 물리 계층을 통합해 **네트워크 인터페이스 계층** 또는 **네트워크 접근 계층**이라고도 부른다. 이 책에서는 OSI 프로토콜에서 사용하는 계층별 명칭을 TCP/IP 프로토콜에 적용해 사용하겠다.

TCP/IP 프로토콜을 이해하기 위해서는 무엇보다 먼저 **계층의 의미**를 알아야 한다.

계층^{Layer}이란 비음성 통신에서 데이터를 전송하기 위한 일련의 과정이나 단계 또는 절차다. 따라서 송신자가 5계층 기반의 TCP/IP 프로토콜에 따라 데이터를 전송할 경우 모두 5단계 과정을 거친다는 의미다. 5단계 과정을 그림 7-2에 따라 해석하면 송신자 운영체제는 응용 계층에서 시작해 전송 계층・네트워크 계층・데이터 링크 계층・물리 계층을 순차적으로 통과하면서 데이터를 전송한다. 수신자 운영체제는 역으로 물리 계층에서 시작해 데이터 링크 계층・네트워크 계층・전송 계층・응용 계층을 순차적으로 통과하면서 데이터를 수신한다. 참고로 **OSI 프로토콜은 7계층 구조**를 이룬다.

또한 TCP/IP 프로토콜은 응용 계층에서 물리 계층까지 하위 계층으로 내려갈수록 물리적이고 구체적인 속성이 강해지고 물리 계층에서 응용 계층까지 상위 계층으로 올라갈수록 논리적이고 추상적인 속성이 강해지는 특징이 있다. 다시 말해, 응용 계층보다는 전송 계층이 좀 더 물리적이고 구체적이다. 동시에 하위 계층으로 내려갈수록 일련의 헤더를 추가한다. 이런 과정을 **인캡슐레이션**이라고 6장에서 이미 설명했다.

결론적으로 TCP/IP 프로토콜에 따른 일련의 송신이란 **상위 계층에서 하위 계층으로 변환하는 과정이고, 논리적 속성이 물리적 속성으로 변환하는 과정이며, 일련의 부가 정보를 추가하는 과정**이다. 그림 7-2에서 보여주는 계층적 구조가 우리에게 전하는 의미다. 이해했는가?

데이터 전송 단위에 대한 내용도 그림 7-2를 통해 좀 더 구체적으로 이해할 수 있다. 송신의 시작 단계인 응용 계층에서 전송하고자 할 UDP 기반의 페이로드를 생성한 뒤 사용자의 실제 정보를 저장한다. 이처럼 응용 계층에서 생성한 전송 단위를 **메시지**라고 부른다.

응용 계층에서 완성한 메시지는 전송 계층으로 넘어가 첫 번째 헤더와 결합한다. 첫 번째 헤더에서 주요한 정보는 포트 번호이고, 이러한 형태의 전송 단위를 **데이터그램**이라고 부른다.

전송 계층에서 완성한 데이터그램은 네트워크 계층으로 넘어가 두 번째 헤더와 결합한다. 두 번째 헤더에서 주요한 정보는 IP 주소이고, 이러한 형태의 전송 단위를 **패킷**이라고 부른다.

네트워크 계층에서 완성한 패킷은 데이터 링크 계층으로 넘어가 세 번째 헤더와 결합한다. 세 번째 헤더에서 주요한 정보는 맥 주소이고, 이러한 형태의 전송 단위를 **프레임**이라고 부른다. **프레임의 크기가 늘 일정한 경우**에는 셸^{cell}이라고 부르는데, **ATM**^{Asynchronous Transfer Mode} 전송 기법에서 사용하는 전송 단위다.

데이터 링크 계층에서 완성한 프레임은 물리 계층으로 넘어가 **비트** 전송 단위로 변환한다.

지금까지 설명한 내용을 기반으로 표 6-3을 재정리하면 표 7-1과 같다.

표 7-1

계층	데이터 전송 단위	주요한 프로토콜	비고
응용	메시지	약 65,000개 정도	**송신 시작 계층**
전송	데이터그램/세그먼트	UDP와 TCP	
네트워크	패킷	IP와 ICMP 등	
데이터 링크	프레임	이더넷과 PPP 등	
물리	비트		**수신 시작 계층**

표 7-1에 기반해 8장부터 각 계층의 특징을 설명하겠다.

8

TCP/IP 방식의 응용 계층

7장에서는 계층적 구조에 따라 TCP/IP 방식을 고찰했다면, 이제부터는 각 계층별 기능과 특징 등을 고찰해보고자 한다.

TCP/IP 방식은 음성 통신이 아닌 비음성 통신을 구현하기 위한 과정이다. 다시 말해, 사람이 아닌 운영체제가 통신의 주체라는 의미다. 따라서 **운영체제가 수신자에게 데이터를 전송**할 뿐만 아니라 **전송할 데이터를 생성**해준다. 이와 같이 전송하고자 하는 데이터, 더 정확히 말해 **페이로드를 생성해주는 계층**이 바로 **응용 계층**이다.

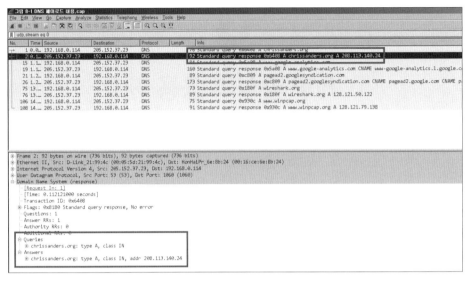

그림 8-1

그림 8-1은 **와이어샤크**^{WireShark}라는 트래픽 분석 도구를 이용해 DNS 서버로부터 응답이 돌아오는 데이터 내부를 출력한 내용이다(편지지의 내용을 보는 셈이다). '**Domain Name System(response)**' **부분이 DNS 페이로드에 해당**한다. DNS 페이로드 내용을 자세히 관찰하면 chrissanders.org 도메인 네임에 해당하는 **208.113.140.24**번 IP 주소가 맨 마지막 부분에 나온다.

와이어샤크는 대표적인 오픈소스 기반의 패킷 분석 도구다. **패킷 분석**을 **스니핑**^{Sniffing}이라고도 한다(15장에서 스니핑을 좀 더 자세히 설명하겠다). 윈도우 운영체제뿐만 아니라 유닉스/리눅스 기반의 운영체제와 OS X 운영체제 등에서도 사용이 가능하다. 와이어샤크는 아래 사이트에서 받을 수 있다.

www.wireshark.org

참고로 그림 8-1에서 사용한 DNS 트래픽 샘플은 『와이어샤크를 활용한 실전 패킷 분석』(에이콘, 2012)에서 제공하는 부록이다.

응용 계층에는 이론상 65,536개에 이르는 페이로드 생성 프로토콜이 있다. DNS 또는 HTTP 같은 프로토콜이 바로 TCP/IP 응용 계층에 속한다. 응용 계층에서는 이와 같이 사용자의 실제 정보를 저장하는 페이로드 생성 기능을 수행한다. 이때 **운영체제에서는 응용 계층에 속하는 프로토콜을 고유한 식별자 번호로 인식**하는데, 이것이 바로 **포트 번호**다. 다시 말해, **인터넷 공간에 존재하는 무수한 LAN 영역을 네트워크 ID라는 개념을 이용해 구분**하는 것처럼 **응용 계층에 존재하는 무수한 프로토콜을 포트 번호로 구분**한다. 이미 5장에서 포트 번호는 맥 주소나 IP 주소처럼 인터넷 공간에서 사용하는 주요 주소라고 설명한 바 있다. 또한 표 5-3을 통해 주요한 포트 번호 목록을 제시하면서 포트 번호에 대한 정확한 개념은 TCP/IP 구조를 통해서만 명확히 이해할 수 있다고 했다. 기억하는가?

포트 번호에는 **해당 프로토콜에서 발생한 정보가 흐르는 가상의 통로라는 의미**도 있다. SMTP가 사용하는 포트 번호 25번에는 전자 우편과 관련된 내용이 담겼고, DNS가 사용하는 포트 번호 53번에는 그림 8-1처럼 도메인 네임에 대한 질의와 응답 내용이 담겼다.

맥 주소의 OUI 부분을 IEEE라는 기구에서 관리하는 것처럼 포트 번호도 IANA^{Internet} ^{Assigned Numbers Authority}라는 기구에서 관리한다. IANA 기준에 따라 포트 번호는 표 8-1과 같이 구분한다.

표 8-1

구분	명칭	비고
0~1,023	잘 알려진 포트 번호	주로 서버 측에서 사용
1,024~49,151	등록 포트 번호	주로 클라이언트 측에서 사용
49,152~65,535	사설 또는 동적 포트 번호	주로 클라이언트 측에서 사용

표 8-1에서 특히, 0번부터 1,023번까지에 해당하는 포트 번호를 **잘 알려진 포트 번호**
Well-Known Port Number라고 하며, 주로 서버 측에서 사용한다. 잘 알려진 포트 번호에 해
당하는 각각의 서비스 기능은 윈도우 서버 또는 유닉스/리눅스 서버 과정에서 좀 더 구
체적으로 다루는 내용인 만큼 『데비안 리눅스 활용과 보안』 등을 참고하기 바란다.

윈도우 운영체제에서는 C:\Windows\System32\drivers\etc\protocol 파일에 주
요한 포트 번호 목록이 담겼다. 리눅스 기반 운영체제에서는 /etc/services 파일에서
확인할 수 있다.

포트 번호에 대한 내용을 이해했다면 외부와의 연결 상태를 확인하는 예제 5-3의 내용
을 다시 살펴보자.

출발지 IP 주소 192.168.0.13번이 목적지 IP 주소 103.6.173.8번과 TCP 방식을 통해
연결 중이다. 이때 출발지 포트 번호는 49167번이고, 목적지 포트 번호는 80번이다.
포트 번호 80번은 표 5-3에서와 같이 HTTP 프로토콜이다. 이것은 **내 PC가 외부에 있**
는 웹 서버와 접속한 상태라는 의미다. 이때 **출발지 포트 번호는 출발지 호스트의 운영체제**
가 1,024번 이후에서 임의로 할당한다. 웹 서버와 연결을 해제한 뒤 다시 접속하면 목적
지 포트 번호는 여전히 80번이지만 출발지 포트 번호는 새로운 임의 할당에 따라 이전
의 포트 번호와 다를 수 있다.

더불어, **포트 스캔**Port Scan이란 **원격지 호스트를 대상으로 어떤 포트 번호를 사용 중인가를**
확인하는 기법을 의미한다. 어떤 서버에서 DNS 서비스를 구축했다고 하자. DNS에 해
당하는 포트 번호는 표 5-3에서와 같이 53번이다. 서버 측 운영체제에서는 DNS 서비
스를 구동하면서 외부로부터 접속을 받기 위해 53번 포트를 활성 상태로 열어놓는다.
원격지에 있는 클라이언트에서는 해당 서버로 직접 DNS를 요청하지 않고도 **엔맵**Nmap
이라는 포트 스캐너를 이용하면 해당 포트 번호의 활성 상태 여부를 확인할 수 있다.

```
root@kali:~# nmap -sU -p 53 192.168.10.213

Starting Nmap 7.40 ( https://nmap.org ) at 2017-04-16 10:19 KST
Nmap scan report for 192.168.10.213
Host is up (0.00046s latency).
PORT   STATE  SERVICE
53/udp open domain
MAC Address: 00:0C:29:E5:69:0C (VMware)

Nmap done: 1 IP address (1 host up) scanned in 0.94 seconds
```

예제 8-1

예제 8-1에서와 같이 엔맵을 이용해 192.168.10.213번 서버를 대상으로 포트 스캔한 결과를 보여준다(nmap -sU -p 53 192.168.10.213). 출력 결과를 보면 **53/udp open domain** 등의 내용을 볼 수 있다. **DNS 서비스를 사용 중이라는 의미**다. DNS 서비스를 중지했다면 **53/udp closed domain**처럼 나온다. 53번 포트 번호를 닫았다는 의미다. 포트 스캔의 개념을 이해할 수 있겠는가?

엔맵은 대표적인 오픈소스 기반의 포트 스캔 도구다. 와이어샤크처럼 엔맵 역시 윈도우 운영체제뿐만 아니라 유닉스/리눅스 기반의 운영체제와 OS X 운영체제 등에서도 사용이 가능하다. 엔맵은 아래 사이트에서 받을 수 있다.

www.nmap.org

엔맵을 이용한 포트 스캔 기법은 아주 다양하다. **엔맵을 이용하면 침투 기능까지도 가능**(나의 졸저 『백박스 리눅스를 활용한 모의침투』 등을 참조)하다. 대표적인 포트 스캔 기법 등은 15장에서 좀 더 자세히 설명하겠다.

영웅이 아닌 해적으로서의
스티브 잡스와 빌 게이츠
〈실리콘 밸리의 신화〉

컴퓨터 역사는 제2차 세계 대전에서부터 기인한다. 1918년 폴란드 암호 전문가들은 **에니그마**^{Enigma}란 암호 장비를 개발한다. 타자기처럼 생긴 에니그마는 복잡한 내부 구조를 통해 평문을 암호문으로 전환하는 보안 장비다. 이후 독일이 에니그마를 군사 통신 장비로 채택한다.

제2차 세계 대전 발발 직전 영국 첩보 당국이 에니그마를 입수해 당시 수학 교수로 재직 중인 **앨런 튜링**^{Alan Mathison Turing}에게 장비 분석을 의뢰한다. 앨런은 필사적인 노력 끝에 **콜로서스**^{Colossus}란 장비를 개발한다. 에니그마가 암호화 장비라면 콜로서스는 복호화 장비에 해당하는 셈이다. 콜로서스는 대독전에서 영국이 승리하는 데 결정적으로 기여했다. 이후 미국에서 대포 발사와 관련해 신속한 계산을 구현하기 위해 **에니악**^{Eniac}이란 장비를 개발하는데 이것이 오늘날 컴퓨터의 시초다.

이런 점에서 볼 때 컴퓨터의 시작은 에니악이 아닌 콜로서스고, 폰 노이먼이 아닌 앨런 튜링이야말로 세계 최초의 컴퓨터 개발자이자 세계 최초의 해커다.

전쟁이 끝난 뒤 무전기가 휴대 전화로 발전한 것처럼 컴퓨터도 민간 분야로 빠르게 성장한다. 민간에서 컴퓨터를 상용화하는 데 크게 기여한 기업이 바로 IBM이다. IBM 사는 천공 카드 시스템을 고안한 **허먼 홀러리스**^{Herman Hollerith}가 1896년 창설한 터뷰레이팅 머신 사를 시초로 해 오늘날 전세계 컴퓨터 시장의 거대한 축을 이룬 다국적 기업이다.

컴퓨터 기술과 시장이 커질수록 해커도 빠르게 성장했다. 1969년 남부 플로리다 대학교USF 수학과에 재학 중이었던 **조 앙그레시아**Joe Engressia는 우연히 휘파람을 통해 시외 전화를 무료로 사용할 수 있다는 점을 알았다. 이후 **존 드래퍼**John T. Draper는 당시 군용 식량에 들어있던 장난감 호루라기가 시외 전화선에서 사용하던 주파수 대역과 일치함을 발견하고 **파란 상자**Blue Box의 비밀이란 이름으로 해당 기법을 공개했다. 이후 미국 전역에서 무료 전화를 사용하기 위한 시도가 빈번하게 일어났다.

1970년대에는 컴퓨터 역사상 기획적인 발명이 계속 이어졌다. 미국 국방부의 알파넷 ARPANet 케니스 레인 톰슨Kenneth Lane Thompson과 데니스 리치Dennis MacAlistair Ritchie의 유닉스 커널과 C 언어의 개발, 레이몬드 토밀슨Raymond Samuel Tomlinson의 전자 우편 개발, 로버트 칸Robert E. Kahn 등에 의한 TCP/IP 프로토콜 개발 착수 등과 같은 발전이 있었다. 가히 컴퓨터 역사에서 춘추 전국 시대에 비견할 만큼 무수한 기술들이 생겼다.

마틴 버크 Martyn Burke의 〈**실리콘 밸리의 신화**Pirates Of Silicon Valley〉는 이런 역동적인 시대를 배경으로 스티브 잡스와 빌 게이츠의 성장사를 그린 작품이다.

1971년 당시 미국 대학가는 베트남 전쟁과 관련해 반전 사상이 넘치던 시절이었다. 교내에서는 연일 격렬한 시위가 일어났다. 학생들은 거리에서 혁명을 꿈꾸며 정부에 대항했다. 그러나 거리의 학생들과 달리 골방에서 혁명을 꿈꾸던 젊은이들이 있었다. **스티브 잡스**Steve Jobs와 **스티브 워즈니악**Steve Wozniak이었다.

이들은 일찍부터 블루 박스에 탐닉하면서 컴퓨터 동작을 연구하던 해커였다. 그러면서 자신의 기술을 이용해 기업에서만 사용하던 대형 컴퓨터를 개인도 사용할 수 있는 형태로 개발하기 위해 부단히 노력했다. 당시 컴퓨터 산업은 IBM 사에서 독점적인 지위를 점하던 상황이었고 컴퓨터를 가정에서 사용한다는 생각 자체가 없었던 시절이다.

동시에 또 다른 젊은이들도 이런 꿈을 꾸고 있었다. **빌 게이츠**William Henry Gates III와 **폴 앨런**Paul Gardner Allen이었다. 이들은 스티브 잡스가 자신의 차고에서 애플 사를 창업해 애플 컴퓨터를 판매하기 1년 전인 1975년부터 마이크로소프트 사를 창업해 컴퓨터 사업에 착수했다. 스티브 잡스가 IBM 타도를 목표로 사업을 시작한 것과 달리 빌 게이츠는 IBM과 협력을 통해 사업을 유지하는 것으로 방향을 잡았다.

이제 컴퓨터광에서 컴퓨터 사업가로 변신한 이 둘은 더 이상 창의적인 기술이나 기법보단 냉혹한 기업 논리에 따라 사고하고 활동하기 시작한다. 그것은 바로 표절과 사기다.

애플 컴퓨터의 성공에 고무된 스티브 잡스는 새로운 상품을 개발하기 위해 고심하던 중 제록스 사에서 마우스와 GUI 기반의 운영체제를 개발했다는 소식을 듣는다. 그러나 불행히도 오늘날 컴퓨터 역사에서 획기적인 발명이었던 제록스 사의 첨단 기술은 경영진의 무관심 때문에 사장당할 위기에 처한다. 스티브 잡스는 이 기회를 놓치지 않고 제록스 사로부터 해당 기술을 사온다. 그리고 기존의 애플 컴퓨터에 마우스와 GUI 환경을 도입한다.

한편 아주 작은 기업에 불과했던 애플 사의 개인 컴퓨터^{PC} 사업이 성공한 것에 자극 받은 IBM 사에서도 PC 사업에 착수하고 적합한 협력 업체를 모색한다. 빌은 이 기회를 놓치지 않고 그의 동료들과 IBM 사를 방문한다. 곧이어 빌은 IBM 경영진에게 대범한 사기극을 연출한다. 자신에게는 IBM 컴퓨터를 만족할 운영체제가 있다는 호언장담이었다. 〈실리콘 밸리의 신화〉에서는 이 장면을 매우 만화적인 기법을 통해 보여준다.

빌은 미심쩍어 하는 IBM 경영진으로부터 납품 계약을 체결하고 그의 동료에게 새로운 운영체제를 구입해 오라고 주문한다. 앨런은 당시 별볼일 없는 시애틀 컴퓨터 시스템 사에서 개발한 운영체제를 5만불에 구입한 뒤 MS-DOS란 이름을 붙여 IBM 사에 납품한다. IBM PC가 대중적으로 크게 성공하면서 빌도 거부의 반열에 오르기 시작한다.

〈실리콘 밸리의 신화〉에서는 이처럼 컴퓨터 영웅이라는 두 인물이 사실은 한낱 표절 등을 일삼았던 해적이었음을 적나라하게 폭로한다. 또한 스티브가 사무실에서 수면 부족으로 조는 직원을 닦달하는 장면 등을 통해 그가 줄곧 주창했던 창조와 혁신이란 구호도 사실은 직원들에 대한 혹독한 착취에 불과하단 점도 극명하게 보여준다.

스티브가 자신의 매킨토시 컴퓨터에서 사용하는 GUI 운영체제(오늘날 OS X)를 도용해 윈도우 운영체제로 출시한 빌을 향해 동업자가 아닌 사마귀라고 분노할 때 빌은 모든 자동차에는 운전대가 있지만 누구도 자신의 발명품이라고 하지 않는다면서 제록스 사에서 발명한 GUI 환경은 누가 먼저 훔치느냐의 문제라고 응수한다. 스티브는 빌에게 그래도 너희보다 우리 제품이 더 좋다고 변명 아닌 변명을 던지자 빌은 그런 것은 상관없다고 대꾸한다. 스티브와 빌의 이전투구를 함축한 장면이자 가짜가 진짜를 지배하는 세상에 대한 조롱이다.

이처럼 〈실리콘 밸리의 신화〉에서는 그동안 대중들에게 잘 알려지지 않은 애플 사와 마이크로소프트 사의 비사를 과감하게 보여준다. 뿐만 아니라 스티브 개인의 비정함과 냉혹함도 볼 수 있다. 당시의 컴퓨터나 프로그래밍 등을 볼 수 있다는 것도 영화의 재미다.

영화 초반에 스티브가 친구들과 무료로 국제 전화를 이용하는 장면이 나오는데 위에서 말한 존 드래퍼의 블루 박스를 이용한 기법이다. 천공기를 이용해 프로그래밍하는 장면도 개인적으로 기억에 남는다. 지금은 그저 교과서의 글과 그림을 통해서만 접하는 내용이기 때문이다. 이외에 초창기 애플 컴퓨터의 모습 등도 빼놓을 수 없는 볼거리다.

그렇지만 영화 초반에 IBM 사를 **조지 오웰**^{George Orwell}의 〈1984년〉에 등장하는 빅 브라더로 설정해 이를 파괴하는 애플 사의 광고야말로 가장 큰 볼거리가 아닌가 싶다. 영화에서 극중 스티브가 언급한 것처럼 제작 후 오직 한 번만 방송한 광고라고 한다. 감독이 **리들리 스콧**^{Sir Ridley Scott}이란 점도 흥미롭다.

다만 〈실리콘 밸리의 신화〉에서 아쉬운 점은 등장하는 배우들이 실제 인물과 그렇게 닮지 않았단 점이다. 특히 스티브 잡스가 그렇다. 기록 영화가 아닌 이상 그냥 영화 자체로만 간주하면 불만은 없을 듯하다.

TCP/IP 방식의 전송 계층

TCP/IP 방식의 응용 계층에는 포트 번호를 이용해 식별해야 할 만큼 무수한 프로토콜이 있다. 전송 계층에는 응용 계층과 달리 2개의 프로토콜만이 있다. 바로 UDP와 TCP이다.

이미 5장과 6장에서 설명한 바와 같이, **UDP 방식과 TCP 방식은 단편화와 버퍼링 유무에 따라 구분**한다. UDP 방식에 따라 응용 계층에서 페이로드를 생성하면 전송 계층에서는 페이로드 앞에 출발지 포트 번호와 목적지 포트 번호가 담긴 헤더를 붙인 뒤 네트워크 계층으로 전송 과정을 넘긴다. UDP 방식은 일반적으로 512바이트 미만의 페이로드를 대상으로 오직 전송 과정에만 초점을 두고 개발했기 때문에 실시간을 요구하는 환경에 적합한 구조다. 단편화와 버퍼링 처리 과정을 생략한 만큼 지연 발생이 없다.

지금까지는 UDP 방식을 기준으로 전송 과정을 설명했지만 이제부터는 TCP 방식을 기준으로 설명하겠다. TCP 방식에는 버퍼링과 단편화 과정이 있기 때문에 UDP 방식보다 처리 과정이 복잡하다.

TCP 속성에 따라 응용 계층에서 1,024바이트 크기의 페이로드를 생성했다고 가정하자. 생성한 페이로드가 TCP 속성인 만큼 UDP 방식과 달리, 전송 전 3단계 연결 설정을 수행해야 한다. 이를 수행하기 위해 1,024바이트 크기의 TCP 페이로드를 응용 계층 버퍼에 임시로 저장하고 전송 계층에서 **SYN** 신호를 담은 세그먼트 1개를 생성한다. SYN 세그먼트는 네트워크 계층과 데이터 링크 계층을 차례로 통과하면서 각각의 헤더를 붙인 뒤 물리 계층에서 비트 단위로 변환해 목적지로 나간다.

SYN 신호가 담긴 세그먼트 헤더	IP 패킷 헤더	이더넷 프레임 헤더

그림 9-1

수신 측 호스트는 해당 **SYN** 신호를 전송 계층까지 끌어올린 뒤, 전송 계층에서 ACK · SYN 신호를 담은 세그먼트 1개를 생성해 출발지로 보낸다.

ACK · SYN 신호가 담긴 세그먼트 헤더	IP 패킷 헤더	이더넷 프레임 헤더

그림 9-2

그러면 송신 측 호스트에서도 해당 ACK · SYN 신호를 전송 계층까지 끌어올린 뒤 **ACK** 신호를 담은 세그먼트 1개를 생성해 목적지로 보낸다. 이로써 전송 전 3단계 연결 설정을 완성한다.

ACK 신호가 담긴 세그먼트 헤더	IP 패킷 헤더	이더넷 프레임 헤더

그림 9-3

3단계 연결 설정을 통해 수신 측과 연결을 확립하면 비로소 운영체제는 응용 계층 버퍼에 저장했던 TCP 페이로드를 전송 계층으로 넘긴다. **전송 계층은 응용 계층에서 넘어온 TCP 페이로드를 대상으로 단편화를 수행**한다. **단편화**란 6장에서 설명한 바와 같이,

전송 효율성과 데이터 기밀성 등을 위해 **TCP 페이로드를 여러 개로 분할하는 기법**이다. 1,024바이트 크기의 TCP 페이로드를 2개로 단편화했다고 하자.

단편화가 끝나면 이제 조각난 512바이트 크기의 페이로드 앞에 출발지 포트 번호와 목적지 포트 번호 등이 담긴 헤더가 각각 붙으면서 2개의 세그먼트를 생성한다. 다시 말해 UDP 방식에는 단편화 과정이 없기 때문에 1개의 페이로드에서 1개의 데이터그램을 생성하지만 TCP 방식에는 단편화 과정이 있기 때문에 1개의 페이로드에서 여러 개의 세그먼트를 생성한다. 지금처럼 1개의 페이로드를 2개로 단편화했다면 2개의 세그먼트가 생기고, 4개로 단편화했다면 4개의 세그먼트가 생긴다. 물론 각 세그먼트는 다음 계층인 네트워크 계층으로 넘어가 각각의 패킷을 생성한다. 지금까지 언급한 **데이터그램 전송 단위와 세그먼트 전송 단위의 차이점**을 명확히 이해했는가?

5계층에 기반한 TCP/IP 방식의 계층적 구조로 TCP 방식에서 수행하는 버퍼링과 단편화 과정을 정확하게 설명할 수 있는 사람은 생각보다 많지 않다. 그런 만큼 입문자에게는 무척 까다로운 내용이기도 하다. 특히 전송은 무조건 응용 계층에서부터 시작한다는 생각은 버려야 한다. 주어진 상황에 따라 응용 계층에서 시작하는 경우도 있고 전송 전 3단계 연결 설정처럼 전송 계층에서 시작하는 경우도 있다. 경우에 따라서는 네트워크 계층에서 시작하는 경우도 있다. 물론 응용 계층에서 시작한 전송은 상대방의 응용 계층에서 끝나고 전송 계층에서 시작한 전송은 상대방의 전송 계층에서 끝난다.

UDP 헤더의 세부 항목과 TCP 헤더의 세부 항목을 차례대로 확인해보자.

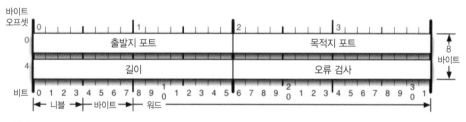

그림 9-4

UDP 헤더의 크기는 **8바이트**로 고정이다.

출발지 포트 번호 항목과 목적지 포트 번호 항목은 16비트 크기를 이룬다. 응용 계층에 속하는 프로토콜의 종류가 65,536개인 이유다.

포트 번호 항목 다음에 나오는 **길이**^{length} 항목에는 UDP 페이로드와 UDP 헤더를 더한 데이터그램 크기 정보가 담긴다. 길이 항목 다음에 나오는 **오류 검사**^{Checksum} 항목은 기본적으로 비활성 상태다.

이처럼 8바이트 크기의 UDP 헤더는 출발지 · 목적지 포트 번호 항목과 길이 항목, 그리고 오류 검사 항목으로 이뤄졌다. 생각보다 무척 단순하다고 느꼈을 듯하다. 버퍼링과 단편화 기능이 없기 때문이다.

반면, TCP 방식은 UDP 방식과 달리 버퍼링과 단편화 기능을 수행하기 때문에 그림 9-5와 같이 헤더 구조가 상대적으로 복잡하다.

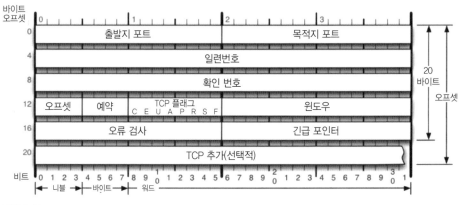

그림 9-5

UDP 헤더는 8바이트로 고정적이지만, TCP 헤더는 가변적이다. 일반적으로 TCP 헤더는 **20바이트** 크기를 사용하지만 경우에 따라 **TCP 추가**$^{TCP\ options}$ 항목을 이용해 21바이트 이상으로 사용할 수도 있다.

UDP 헤더와 마찬가지로 TCP 헤더 역시 출발지·목적지 포트 번호 항목은 16비트 크기다.

일련번호sequence number 항목과 **확인 번호**acknowledg- ment number 항목은 **3단계 연결 설정 등과 관련**이 있다. 송신자는 전송 전 3단계 연결 설정을 수행하기 위해 그림 9–1과 같은 SYN 신호를 생성한다(표 9–1을 먼저 보고 본문의 내용을 읽어 보길 바란다). 이때 일련번호는 1000이라고 가정한다(운영체제가 임의로 할당한다). 수신자가 송신자에게 ACK·SYN 신호로 응답할 때 일련번호와 확인 번호는 각각 2000과 1001이다. 확인 번호가 1001인 이유는 송신자의 SYN 신호 일련번호 1000에 대한 응답이면서 그 다음에 해당 일련번호로 전송하라는 의미이기 때문이다. 동시에 수신자도 송신자에게 임의의 일련번호 2000을 보낸다. 송신자가 수신자로부터 받은 ACK·SYN 신호에 대해 ACK 신호로 다시 응답할 때 일련번호와 확인 번호는 각각 1001과 2001이다. 확인 번호가 2001인 이유는 수신자의 ACK·SYN 신호 일련번호 2000에 대한 응답이기 때문이다. 표 9–1과 같이 정리할 수 있다.

표 9–1

구분	일련번호	확인 번호	전송 주체
SYN	1000	NULL	송신자
ACK·SYN	2000	1001	수신자
ACK	1001	2001	송신자

표 9–1처럼 운영체제는 **전송 전 3단계 연결 설정**이나 **전송 후 3단계 연결 종료** 등을 수행할 때 **송신자와 수신자 사이에 주고받는 세그먼트의 연속성을 보장하기 위해 일련번호와 확인 번호를 이용**한다. 또한 **일련번호와 확인 번호는 수신 측에서 단편화한 세그먼트 단위를 순서대로 재조립할 때도 중요한 정보**다.

일련번호 항목과 확인 번호 항목 다음에 나오는 **오프셋**^{Offset} 항목에는 헤더의 길이를 담는다. 헤더의 크기가 가변적이기 때문에 헤더의 크기를 담는 항목이 필요하다. 일반적으로 20이라고 나온다.

오프셋 항목 다음에 나오는 항목은 **플래그**^{Flag} 항목이다. 플래그 항목에는 전송 전 3단계 연결 설정이나 전송 후 3단계 연결 종료 등에서 사용하는 SYN 신호나 FIN 신호 같은 일종의 제어 정보를 저장한다. SYN 신호를 전송할 경우에는 SYN 플래그를 설정하고 SYN 신호에 대한 응답을 전송할 경우에는 ACK 플래그와 SYN 플래그를 동시에 설정한다. 이처럼 **플래그 항목**에는 **TCP 방식이 수행하는 일련의 제어 정보**를 담는다. 제어 플래그 항목에서 사용하는 종류는 표 9-2와 같다.

표 9-2

구분	의미
CWR(Congestion Window Reduced)	혼잡 윈도우 크기 감소 신호
ECN(Explicit Congestion Notification)	혼잡 발생 신호
URG(Urgent)	긴급 데이터 신호
ACK(Acknowledgment)	확인 응답 신호
PSH(Push)	TCP 페이로드를 포함한다는 신호
RST(Reset)	상대방과 연결을 강제로 종료하기 위한 신호
SYN(Synchronize)	상대방과 동기화를 확립하기 위한 개시 신호
FIN(Finish)	상대방과 동기화를 해제하기 위한 종료 신호

표 9-2에서와 같이 총 8개의 플래그가 있다. 8개의 플래그를 순서대로 기억하기 바란다.

플래그 항목이 제어 기능과 관련이 있다면 그 다음에 나오는 **윈도우**^{Window} 항목은 **흐름 제어 기능과 관련**이 있다. 또한 플래그 항목과 윈도우 항목은 밀접한 관계가 있다. 예를 들어 송신자가 수신자에게 1번부터 20번까지 해당하는 크기의 데이터를 전송하면 해당 데이터를 자신의 버퍼에 저장한다. 송신한 데이터를 버퍼에 저장하는 이유는 전송 중 오류를 대비하기 위해서다. 수신자가 해당 데이터 전부를 정상적으로 수신하면 수신자는 윈도우 항목에 21이라는 숫자를 담아 ACK 플래그로 응답한다. 1번부터 20번까지 해당하는 크기의 데이터를 정상 수신했으니 다음에는 21번째부터 시작하는 데이터를 보내라는 의미다. 그럼 송신자는 버퍼에 저장했던 1번부터 20번까지의 데이터를 삭제한 뒤 21번부터 60번까지에 해당하는 크기의 데이터를 전송하고 다시 해당 데이터를 자신의 버퍼에 저장한다. 이때 혼잡과 부하 등으로 수신자가 21번부터 40번에 해당하는 크기의 데이터만 수신했다면, 윈도우 항목에 41번을 담아 ACK · CWR 플래그로 응답을 보낸다. CWR 플래그는 표 9-2와 같이 송신자에게 전송 데이터를 줄여서 보내라는 의미다. ACK · CWR 플래그를 수신한 송신자는 전송 직후 자신의 버퍼에 저장했던 데이터 중 41번부터 60번까지에 해당하는 데이터를 재전송한다. 이처럼 송신자는 수신자의 확인 응답에 따라 전송할 정보의 양을 조절하는데, 이를 **혼잡 윈도우**^{Congestion window}라고 하며, 송신자가 전송할 수 있는 동적인 정보의 양을 **슬라이딩 윈도우**^{Sliding window}라고 한다. 또한 윈도우 항목에서 최대로 수용할 수 있는 크기는 5,840바이트로 알려져 있다.

긴급 포인터^{urgent pointer} 항목은 플래그 항목에서 URG 항목이 나타날 때 0에서 1로 설정이 바뀌면서 동작한다. 작업을 긴급하게 중지하기 위해 CTR + C 키를 누를 때 발생한다.

여기까지가 TCP 헤더에 담긴 주요한 항목에 대한 설명이었다. 확실히 UDP 헤더에 비해 복잡하다. 시간을 두고 천천히 정리하기 바란다.

⑩

TCP/IP 방식의 네트워크 계층

TCP 속성에 따라 응용 계층에서 1,024바이트 크기의 TCP 페이로드를 생성하고 전송 계층에서 1,024바이트 크기의 페이로드를 각각 512바이트 크기로 단편화했다면 네트워크 계층으로 2개의 세그먼트가 넘어온다. 네트워크 계층에서는 각 세그먼트 앞에 IP 주소를 주요한 정보로 하는 헤더를 추가하면서 2개의 IP 패킷을 생성한다.

이제 IP 헤더에 담긴 각 항목을 알아보자. IP 헤더 구조는 TCP 헤더 구조와 더불어 중요하게 간주하는 헤더인 만큼 집중하자.

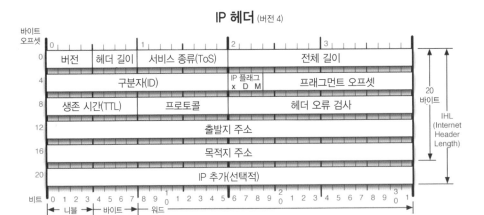

IP 헤더 (버전 4)

그림 10-1

IP 헤더 크기 역시 TCP 헤더처럼 가변적이다. 일반적으로 **20바이트** 크기를 사용하지만 경우에 따라 **IP 추가**[IP Options] 항목을 이용해 21바이트 이상으로 사용할 수도 있다.

그림 10-1과 같이 IP 헤더에서 제일 먼저 **버전**[Version] 항목을 볼 수 있다. IPv4 주소라면 4가 들어가고, IPv6 주소라면 6이 들어간다.

버전 항목 다음에 나오는 **헤더 길이**[Header Length] 항목에는 IP 헤더의 크기가 들어간다. 일반적으로 20바이트 크기를 사용하기 때문에 20이 들어간다.

헤더 길이 항목 다음에 나오는 **서비스 종류**[ToS, Type of Service] 항목에는 **해당 패킷의 전송 우선순위를 저장**한다.

```
C:\>
```

예제 10-1

다시 말해, 예제 10-1처럼 ToS 기능을 지정하면 ToS 항목에 우선순위를 설정해 회선이 혼잡할 경우에도 해당 패킷을 우선적으로 전송해준다. 혼잡한 도로를 달리는 구급차를 연상하기 바란다.

ToS 항목 다음에 나오는 **전체 길이**^{Total Length} 항목에는 IP 헤더를 포함한 패킷 전체의 길이 정보가 담긴다. 만약 전체 길이 항목이 100이라고 나온다면 헤더 길이 항목에 담긴 20이란 정보를 통해 남은 크기를 추론해볼 수 있다.

전체 길이 항목 다음에 나오는 ID^{Identification} 항목 · IP 플래그 항목 · 프래그먼트 오프셋 ^{Fragment Offset} 항목은 MTU에 따른 패킷 분할 정보를 담는 항목이다.

MTU^{Maximum Transmission Unit}는 **최대 전송 단위**라는 의미다. 즉 각 프로토콜에서 정한 패킷 크기의 최대 범위를 뜻한다. 예를 들어 **이더넷 방식에서 MTU는 1,500바이트**다. 이더넷 구간을 통과할 수 있는 최대의 패킷 크기는 패킷 헤더를 포함해 1,500바이트까지라는 의미다. 만약 5,900바이트 크기의 패킷이 발생하면 어떻게 이더넷 구간을 통과할 수 있을까? 이런 경우 ID 항목 · 플래그 항목 · 프래그먼트 오프셋 항목이 필요하다. 주의할 점은 IP 헤더의 플래그 항목은 TCP 헤더의 플래그 항목과 다르다는 점이다. **TCP 헤더의 플래그 항목은 제어 신호를 설정하는 데 사용**하지만, IP 헤더의 플래그 항목은 **2개의 비트**(원래는 3개의 비트이지만 실제로는 2개의 비트만을 사용)**를 이용해 패킷의 분할 유무를 표시**한다.

이더넷 구간을 대상으로 1,400바이트 크기의 패킷과 5,900바이트 크기의 패킷이 있다고 가정하자.

먼저 1,400바이트 크기의 패킷은 MTU 1,500바이트인 이더넷 구간을 통과할 수 있다.

다시 말해, 패킷 분할이 불필요하다. 이 경우 패킷 분할 항목의 설정 내용은 표 10-1과 같다.

표 10-1

ID 항목	플래그 항목(D 비트)	플래그 항목(M 비트)	프래그먼트 오프셋
NULL	1	NULL	NULL

표 10-1에서 **D 비트와 M 비트**는 플래그 항목에서 사용하는 2개의 비트를 의미한다. D 비트는 **Do not fragment 비트**라는 뜻이고, M 비트는 **More fragments 비트**라는 의미다. 표 10-1에서와 같이 D 비트가 1이다. 패킷 분할이 없다는 의미다. 이처럼 D 비트가 1인 경우 ID 항목이나 프래그먼트 오프셋 항목은 의미가 없다.

그렇지만 5,900바이트 크기의 패킷은 이더넷 구간을 통과할 수 없다. 다시 말해, 패킷 분할이 필요하다. 패킷 분할을 위해 운영체제는 이더넷 MTU에 적합하도록 5,900바이트 크기의 패킷에 100바이트 크기의 쓰레기 값을 채운다. 이러한 과정을 **패딩**Padding이라고 한다. 패딩 과정을 통해 5,900바이트 크기의 패킷은 6,000바이트 크기의 패킷으로 늘었다. 그 다음 운영체제는 쓰레기 값을 포함한 6,000바이트 크기의 패킷을 각각 1,500바이트 크기로 분할한다. 이제 각각의 패킷 크기가 1,500바이트이기 때문에 이더넷 구간을 통과할 수 있다.

이와 같이 패킷 분할이 일어날 경우 패킷 분할 항목의 설정 내용은 표 10-2와 같이 생각할 수 있다(여기서는 헤더를 포함해 계산했기 때문에 실제와는 차이가 있는 만큼 개념 위주로만 이해하기 바란다).

표 10-2

ID 항목	플래그 항목(D 비트)	플래그 항목(M 비트)	프래그먼트 오프셋
1234	0	1	0
1234	0	1	1,500
1234	0	1	3,000
1234	0	0	4,500

수신 측 입장에서 표 10-2의 각 행 내용을 확인해보겠다.

먼저 수신 측 운영체제는 첫 번째 패킷 헤더에서 ID 항목(1234)과 D 비트(0)를 통해 해당 패킷이 분할 패킷임을 알 수 있다. **D 비트가 1이 아닌 0이라는 것은 해당 패킷을 분할했다는 뜻**이기 때문이다. 또한 **M 비트가 1인 경우 해당 패킷 말고 또 다른 분할 패킷이 있음을 의미**한다. 프래그먼트 오프셋을 보면 시작 위치가 0바이트다.

이제 두 번째 패킷을 수신하면 첫 번째 패킷과 마찬가지로 ID 항목의 값이 동일함을 알수 있다. 또한 D 비트와 M 비트가 각각 0과 1이다. 분할 패킷이며 또 다른 분할 패킷이 있다는 의미다. 프래그먼트 오프셋이 1,500이기 때문에 첫 번째 패킷은 0바이트에서 시작해 1,499바이트로 끝나는 1,500바이트짜리 패킷임을 알 수 있다.

곧이어 세 번째 패킷을 수신하면 첫 번째와 두 번째 패킷처럼 ID 항목의 값이 동일하다. D 비트와 M 비트 역시 각각 0과 1이기 때문에 세 번째 패킷은 이전 패킷처럼 분할 패킷이며 또 다른 분할 패킷이 있음을 의미한다. 프래그먼트 오프셋이 3,000이기 때문에 두 번째 패킷은 1,500바이트에서 시작해 2,999바이트로 끝나는 1,500바이트짜리 패킷임을 알 수 있다.

네 번째 패킷의 경우 이전 패킷과 달리 M 비트가 0이다. **더 이상 분할 패킷이 없다는 의미**다. 다시 말해, 네 번째 패킷이 **마지막 분할 패킷**이다. 프래그먼트 오프셋이 4,500이기 때문에 세 번째 패킷은 3,000바이트에서 시작해 4,499바이트로 끝나는 1,500바이트짜리 패킷임을 알 수 있다. 이러한 일련의 규칙성을 통해 마지막 패킷의 길이 역시 1,500바이트임을 알 수 있다.

이러한 과정을 **패킷 분할**이라고 한다. **빈번한 패킷 분할은 과부하를 유발하는 요인**이기도 하다(수신 측 운영체제에서는 송신 측 운영체제가 부여한 표 10-2의 내용을 기반으로 4개의 분할 패킷을 순서에 따라 재조립한다).

한편 TCP 헤더에서 사용하는 일련번호 항목에 담긴 정보가 애매해지면 수신 측에서 **단편화 세그먼트를 재조립할 때 비정상적으로 처리**할 수 있는 것처럼, IP 헤더에서 사용하는 프래그먼트 오프셋 항목에 담긴 정보가 애매해지면 수신 측에서 **분할 패킷을 재조립할 때 비정상적으로 처리**할 수 있다. 이와 같이 **세그먼트 단위에서 재조립이 일어나는 특징을 악용한 공격을 본크 · 보인크**^{Bonk · Boink} **공격**이라고 하며, **패킷 단위에서 재조립이 일어나는 특징을 악용한 공격을 티얼드롭**^{TearDrop} **공격**이라고 한다(16장에서 다시 설명하겠다).

생존 시간^{TTL, Time To Live} 항목은 **라우팅 루프가 일어난 구간에서 패킷을 폐기하기 위한 용도로 사용**한다. 다시 말해, **해당 패킷이 통과할 수 있는 라우터의 개수 정보를 담는 항목**이다. 일례로 TTL 값이 10이면 해당 패킷은 10대의 라우터를 통과할 수 있고 그 이상은 통과할 수 없음을 의미한다(ICMP 개념을 설명할 때 구체적인 예시를 제시하겠다).

생존 시간 항목 다음에 있는 **프로토콜**^{protocol} 항목은 **상위 계층에 속한 프로토콜 번호를 저장**한다. 만약 송신 측에서 UDP 페이로드를 생성했다면 17로 설정하고, TCP 페이로드를 생성했다면 6으로 설정한다(각 프로토콜 번호는 기억하기 바란다). 그럼 수신 측에서는 프로토콜 항목을 읽어 해당 패킷의 속성을 파악한다. 다시 말해, **프로토콜 번호가 17이면 해당 패킷을 데이터그램으로 간주**하고, **프로토콜 번호가 6이면 세그먼트로 간주**해 상위 계층으로 해당 패킷을 넘긴다. 프로토콜 항목에서 사용하는 프로토콜 번호의 종류는 다음 사이트에서 확인하기 바란다.

en.wikipedia.org/wiki/List_of_IP_protocol_numbers

헤더 오류 검사^{header checksum} 항목은 UDP/TCP 헤더와 마찬가지로 비활성 상태다.

마지막으로, 출발지 주소 항목과 목적지 주소 항목의 크기는 32비트로 출발지 IP 주소와 목적지 IP 주소를 저장한다.

IP 주소는 포트 번호와 마찬가지로 **IANA**에서 관리한다. IP 주소의 범위는 0부터 255까지다. 다시 말해, IP 주소는 0.0.0.0부터 255.255.255.255까지 총 32비트로 이뤄진 체계다(이하 일부 내용은 1장에서 이미 설명한 바 있다).

IP 주소를 처음 설계할 당시에는 IP 주소를 A 등급부터 E 등급까지 분류했지만 일반적으로 A 등급부터 C 등급까지 사용한다. IP 주소의 등급은 주어진 첫 번째 자리를 가지고 구분한다. 표 10-3과 같이 정리할 수 있다.

표 10-3

등급	범위	기본 서브넷 마스크	비고
A	1~126	255.0.0.0	127.0.0.1 루프백 주소
B	128~191	255.255.0.0	
C	192~223	255.255.255.0	

표 10-3의 기본 서브넷 마스크 표기에서 보는 바와 같이, IP 주소는 등급에 따라 네트워크 ID와 호스트 ID가 다르다. **네트워크 ID란 LAN 영역에 대한 고유한 식별자**를 의미하고, **호스트 ID란 해당 LAN 영역에 속한 호스트에 대한 고유한 식별자**를 의미한다. 특히, 호스트 ID에서 모든 비트가 0인 경우를 **네트워크 IP 주소**(C 등급에서 192.168.10.0인 경우)라고 하며, 모든 비트가 1인 경우를 **브로드캐스트 IP 주소**(C 등급에서 192.168.10.255인 경우)라고 한다.

네트워크 IP 주소와 브로드캐스트 IP 주소는 운영체제 내부에서 사용하기 때문에 C 등급의 경우 실제 사용 가능한 IP 주소의 범위는 192.168.10.1번부터 192.168.10.254번까지 총 254개다. A 등급과 B 등급도 총 개수에서 네트워크 IP 주소와 브로드캐스트 IP 주소를 제외한 개수가 실제 사용 가능한 개수에 해당한다.

한편, 리눅스 기반의 운영체제에서 다음과 같은 설정을 통해 브로드캐스트 IP 주소를 사용할 수 있다(관리자 계정을 이용해야 한다).

```
echo 0 > /proc/sys/net/ipv4/icmp_echo_ignore_broadcasts

ping 192.168.10.255 -b
```

여기서 echo 0 > /proc/sys/net/ipv4/icmp_echo_ignore_broadcasts 명령어는 **브로드캐스트 IP 주소를 사용하겠다는 설정**이다. 브로드캐스트 IP 주소를 사용하기 위해 선행적으로 설정해야 한다. ping 192.168.10.255 -b 명령어는 192.168.10.1번부터 192.168.10.254번까지에 이르는 모든 호스트에게 ICMP를 요청하겠다는 의미다. 이처럼 브로드캐스트 IP 주소의 속성을 악용한 공격을 ICMP 스머핑^{ICMP Smurfing} 공격이라고 한다(16장에서 다시 설명하겠다).

인터넷 사용자가 급증하면서 IP 주소에 대한 수요도 빠르게 증가했다. 이에 따라 IP 주소의 고갈을 완화할 방법이 필요했다. **사설 IP 주소**가 등장한 이유다. 사설 IP 주소는 **LAN 전용 주소**다. 그래서 **내부 IP 주소**라고도 부른다. 전체 IP 중 사설 IP 주소를 제외한 나머지 IP 주소를 **공인 IP 주소**라고 한다. 사설 IP 주소는 표 10-4와 같다.

표 10-4

등급	범위
A	10.0.0.0 255.0.0.0 ~ 10.255.255.255 255.0.0.0
B	172.16.0.0 255.255.0.0 ~ 172.31.255.255 255.255.0.0
C	192.168.0.0 255.255.255.0 ~ 192.168.255.255 255.255.255.0

사설 IP 주소는 LAN 영역에서 전용으로 사용할 수 있는 주소임에도 실제 인터넷에 접속할 수 있다. 이것은 NAT라는 기법을 사용하기 때문에 가능하다. NAT^{Network Address Translation}란 **출발지 사설 IP 주소를 출발지 공인 IP 주소로 바꾸는 기법**이다. 보통 라우터 같은 장비에서 NAT 기법을 이용한다. 표 1-1에서 라우터는 무선 공유기를 의미하는데, 무선 공유기가 NAT 기능을 수행하는 장치다. NAT 기법에 포트 번호 주소를 연동해 사용할 경우 이것을 PAT^{Port Address Translation}라고 한다. PAT를 이용하면 이론적으로 **1개의 공인 IP 주소에 65,536개의 사설 IP 주소를 연결**할 수 있다. 다시 말해 65,536개의 IP 주소가 필요한 LAN 영역에서도 공인 IP 주소 1개만으로도 구성이 가능하다는 의미다. 표 1-1에서 보는 내용도 엄밀히 말하자면 NAT 기법이 아닌 PAT 기법을 적용한 경우다. 그렇지만 **일상에서는 NAT와 PAT를 구분하기보다는 NAT라는 용어로 통칭**한다.

사설 IP 주소는 개인이 IPS 업체에서 공인 IP 주소를 할당받을 필요 없이 표 10-4에서 정한 IP 대역을 임의로 사용할 수 있기 때문에 공인 IP 주소의 고갈을 완화할 수 있을 뿐만 아니라, 보안 측면에서 볼 때 외부에서 직접 접근할 수 없다는 장점이 있다. 다시 말해, 사설 IP 주소를 이용하면 NAT 기법을 통해 외부로 나갈 수 있지만 외부에서는 실제 내부 IP 주소를 사용하는 PC로 직접적인 접근이 불가능하다. 외부에서는 오직 공인 IP 주소까지만 접근이 가능할 뿐이다.

사설 IP 주소를 이용해 웹 서버를 구축한 경우 외부에서 해당 웹 서버에 접근할 수 있는 방법이 결코 없을까? 포트 포워딩을 설정하면 가능하다. **포트 포워딩**^{Port Forwarding}이란 PAT 기법을 응용해 내부로 접근할 수 있도록 그림 10-2처럼 설정하는 기법이다.

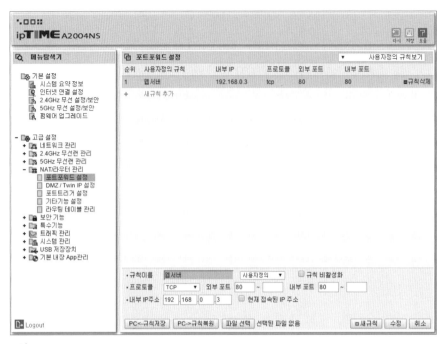

그림 10-2

그림 10-2처럼 설정하면 **외부에서 공인 IP 주소를 입력해도 사설 IP 주소로 접속**할 수 있다. **'새규칙 추가' 항목을 선택**하면 또 다른 서비스도 포트 포워딩으로 구성이 가능하다.

다음으로 네트워크 계층에서 IP와 더불어 중요한 역할을 수행하는 ICMP에 대해 알아보자. 예제 3-1에서 ARP 동작을 설명하면서 소개한 ping 명령어는 ICMP라는 프로토콜에 기반한다. ICMP^{Internet Control Message Protocol}는 IP 등장 이후 전송 작업을 화면에 출력하기 위한 용도로 등장했다. 예제 3-1에서와 같이 ping 명령어 결과를 화면으로 볼 수 있는 이유도 ICMP가 동작하기 때문이다. 이처럼 **ICMP는 화면 출력 메시지에 기반해 오류 통보 기능과 질의 · 응답 기능 등을 수행하기 위한 프로토콜**이다.

ICMP 방식의 오류 통보란 전송 중 일어날 수 있는 목적지 도달 불가 · 발신지 억제 · 시간 초과 · 매개변수의 문제 등을 사용자 화면에 출력하기 위한 기능을 의미한다. 그렇지만 사용자 입장에서 ICMP는 오류 통보보다는 질의 · 응답 기능이 더욱 중요하다.

목적지 호스트가 출발지 호스트 바로 옆자리라면 목적지 호스트가 동작하는지 여부를 바로 확인할 수 있겠지만, 목적지 호스트가 지구 건너편에 있다면 직접 확인할 수 없다. 이럴 경우 임의의 쓰레기 값으로 이루어진 데이터를 생성해 ping 명령어로 전송한다. 목적지 호스트가 동작 중이라면 응답이 온다. 예제 3-1의 경우 구글에서 제공하는 DNS 서버의 동작 여부를 확인하기 위해 임의의 패킷 32바이트를 생성해 전송한 뒤구글 DNS 서버로 응답을 받은 경우다. 서로 탁구공을 주고받은 상황을 떠올린다면 적당한 일례일 듯하다.

그림 10-3은 ICMP 질의 · 응답 기능을 보여준다.

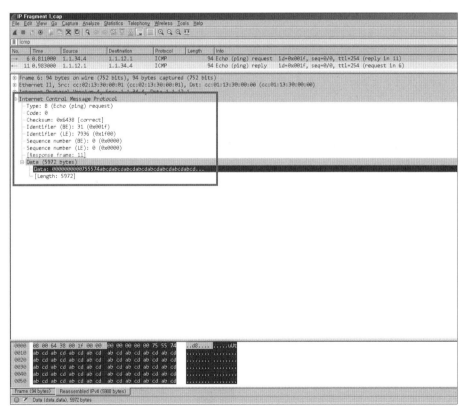

그림 10-3

그림 10-3의 내용을 기반으로 ICMP 질의 · 응답을 수행하는 과정을 설명하겠다.

사용자가 예제 3-1처럼 목적지 호스트로 ICMP 질의를 요청한다. 그럼 운영체제에서는 네트워크 계층에 기반해 쓰레기 값으로 채워진 페이로드를 생성한다. **FTP나 SSH 같은 프로토콜은 응용 계층에서 사용자의 실제 정보를 담은 페이로드를 생성**하지만, **ICMP 프로토콜은 네트워크 계층에서부터 페이로드를 생성**한다.

표 10-5

구분	상위 계층과의 연속성	페이로드 생성 계층	전송 단위
IP	있음	응용 계층	패킷
ICMP	없음	네트워크 계층	패킷

그림 10-3에서와 같이 운영체제에서 생성하는 쓰레기 값은 다음과 같다.

0000000000755574abcdabcdabcdabcdabcdabcdabcdabcd…

그림 10-3과 같이, 쓰레기 값은 모두 5,972바이트 크기다(내가 임의로 크게 설정한 탓이다). 이제 쓰레기 값으로 채워진 페이로드 앞에 그림 10-4와 같은 **8바이트** 크기의 ICMP 헤더가 붙는다.

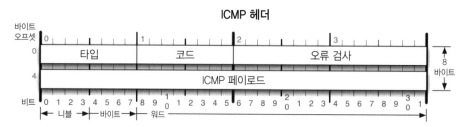

그림 10-4

120

ICMP 헤더의 다양한 정보 중 해당 ICMP가 **요청**인지, **응답**인지를 구분하기 위한 주요 정보가 **타입**type 항목에 담긴다. **타입 항목에서 8은 요청을 의미**하고, **0은 응답을 의미**한다. ICMP 페이로드에 ICMP 헤더를 추가해 ICMP 패킷을 생성한 뒤 다시 그 앞에 IP 헤더가 붙는다. IP 헤더가 있어야 라우팅이 가능하기 때문이다. 이처럼 ICMP 패킷은 네트워크 계층에서 시작해 데이터 링크 계층과 물리 계층으로 넘어간다.

TCP/UDP 페이로드	TCP/UDP 헤더	IP 헤더

ICMP 페이로드	ICMP 헤더	IP 헤더

그림 10-5

표 10-4와 그림 10-5를 통해 **IP와 ICMP의 인캡슐레이션 차이점**을 확인할 수 있다.

참고로 PAT 환경에서 ICMP 요청·응답이 일어날 경우에는 ICMP 헤더를 이용해 포트 번호를 저장한다.

ping 명령어와 마찬가지로 ICMP 방식에 기반해 구현한 또 다른 명령어가 있다. 바로 tracert 명령어다. **ping이 출발지와 목적지 사이의 통신 여부를 점검하기 위한 용도**라면 **tracert는 출발지와 목적지 사이의 라우팅 과정을 확인하기 위한 용도**라고 할 수 있다. 사용법은 예제 10-2와 같다.

```
C:\>tracert 8.8.8.8

최대 30홉 이상의
google-public-dns-a.google.com [8.8.8.8](으)로 가는 경로 추적:

1    <1 ms    <1 ms    <1 ms   192.168.0.1
2     4 ms     3 ms     3 ms   175.214.80.254
3     3 ms     1 ms     2 ms   61.72.70.193
```

```
    4      2 ms      1 ms      1 ms   112.188.9.225
    5     <1 ms      1 ms     <1 ms   112.188.2.73
    6      9 ms      2 ms      3 ms   112.174.58.105
    7      1 ms      1 ms      1 ms   112.174.48.38
    8      1 ms      1 ms      1 ms   112.174.84.218
    9    923 ms    564 ms    112 ms   72.14.194.106
   10     32 ms     32 ms     32 ms   108.170.242.161
   11     32 ms     31 ms     31 ms   209.85.251.219
   12     31 ms     30 ms     30 ms   google-public-dns-a.google.com [8.8.8.8]

추적을 완료했습니다.
```

예제 10-2

예제 10-2를 보면 구글 DNS 서버까지 몇 개의 LAN 영역을 통과했는지를 알 수 있다. 오른쪽에 보이는 IP 주소는 라우터 IP 주소에 해당한다. 첫 번째 찍힌 IP 주소는 192.168.0.1번이다. 내 로컬 라우터 IP 주소다.

tracert 명령어는 ping 명령어에서 나타나는 **TTL 속성을 이용해 구현**한다. 앞서 TTL 속성이 해당 패킷이 통과할 수 있는 라우터의 개수 정보이며 TTL 값이 10이면 해당 패킷은 10대의 라우터를 통과할 수 있고 그 이상은 통과할 수 없다고 설명했다.

예제 10-2에서와 같이 tracert 8.8.8.8 명령어를 입력하면 TTL 값을 1로 설정한 ICMP 패킷이 발생한다. 해당 ICMP 패킷은 로컬 라우터에 도달하자마자 TTL 값을 0으로 바꾼다. TTL 값이 0이기 때문에 더 이상 로컬 라우터 뒤에 있는 라우터로 넘어갈 수 없다. 로컬 라우터는 출발지 호스트 측에 ICMP의 오류 통보 기능을 이용해 목적지 도달 불가라고 응답을 보낸다. 그럼 출발지 호스트에서는 TTL 값을 2로 설정해 다시 ICMP 패킷을 전송한다. 해당 ICMP 패킷은 TTL 값이 2이기 때문에 예제 10-2에서 보이는 두 번째 라우터 61.72.193.254번에 이르면 TTL 값이 0으로 바뀌면서 세 번째 라우터 61.72.70.193번으로 넘어갈 수 없다. 그럼 두 번째 라우터는 출발지 호스트 측에 ICMP의 오류 통보 기능을 이용해 목적지 도달 불가라고 응답을 보낸다. 계속해 출발지 호스트는 ICMP 패킷을 TTL 값을 다시 늘리면서 이러한 작업을 반복적으로 수행한다. TTL 값이 12일 때 그림 10-6에서 보는 바와 같이 목적지 호스트로부터 ICMP 응답이 돌아온다. 출발지에서 목적지까지 경유한 경로를 확인하는 순간이다.

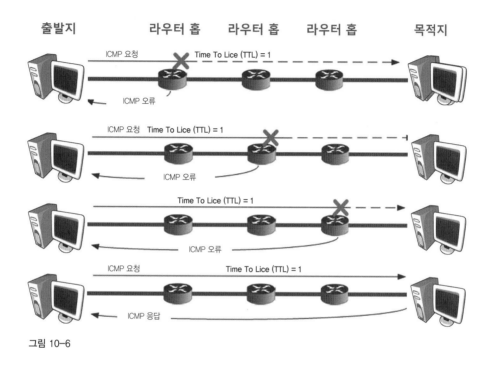

그림 10-6

그림 10-6의 내용을 기반으로 예제 10-2를 해석해보면, 내 PC에서 11대의 라우터를 통과해 구글 DNS 서버에 도달할 수 있음을 보여준다.

tracert 명령어를 사용할 때는 다음 사항을 염두에 둬야 한다. **일반적으로 윈도우 계열에서는 ICMP 방식을 이용하고 유닉스/리눅스 계열에서는 UDP 방식을 이용**한다는 점이다. UDP 방식을 이용할 경우 포트 번호 33,435번을 사용한다. 또한 경로 추적을 수행할 때 라우팅 상황에 따라 이전과 다른 경로가 나올 수도 있다. 이것은 **동적으로 동작하는 라우팅 알고리즘** 때문이다. 다시 말해, **목적지까지 도달하기 위한 무수한 경로 중 최선의**

경로는 상황에 따라 동적으로 변한다. 경로에 대한 구체적인 내용은 14장에서 좀 더 자세히 언급하겠다.

전송 계층에는 IP와 ICMP 프로토콜 외에도 멀티캐스트 구현을 위한 IGMP 프로토콜이 있지만 여기서는 논외로 하겠다. ARP와 RARP는 엄밀하게 구분하자면 **네트워크 계층과 데이터 링크 계층 사이에서 동작하는 프로토콜**이지만, **통상 네트워크 계층으로 분류**한다. 11장에서 ARP를 좀 더 상세히 다루겠다. 한편, RARP는 DHCP가 사실상 해당 기능을 수행하기 때문에 ICMP와 마찬가지로 논외로 할 것이다. 참고로 IPv6 환경에서는 ICMP가 IGMP와 ARP 기능까지 수행한다.

케빈 미트닉 사건을 다룬
최고의 해커 영화 〈테이크다운〉

지난 2012년 **케빈 미트닉**Kevin Mitnick의 이름이 걸린 책 한 권이 나왔다. 『네트워크 속의 유령』(에이콘, 2012)이란 책이다. 마침 모 방송국에서 〈유령〉이란 사이버 수사 드라마를 방영한 직후라 유령이란 단어를 자주 듣던 시기이기도 했다.

케빈은 1963년 미국 LA 출신으로 어릴 적부터 전화망에 관심이 많았다. 그는 틈날 때마다 전화망의 동작 원리 등을 관찰하면서 무료로 통화할 수 있는 기법 등을 터득했다. 컴퓨터 프로그래밍 실력도 탁월했다. 그는 뛰어난 전산 실력을 기반으로 미국 전역에서 각종 전화망과 전산망 등을 유린했다. 미국 연방 수사국FBI에서는 상당한 현상금을 걸고 그를 맹추격했다. 결국 한 일본인 해커의 노력 끝에 FBI는 1995년 그를 겨우 체포할 수 있었다.

〈테이크다운Takedown〉은 케빈을 주인공으로 한 2000년도 작품으로 감독은 **조 채펠리**Joe Chappelle다.

〈테이크다운〉의 매력은 실존 인물을 각색한 실화라는 점에 있다. 실화를 기반으로 했다는 점에서 그 어떤 영화보다 해킹 기법을 충실하게 반영했다. 솔직히 이전 영화들은 비록 실제 사용하는 기법들이 등장하긴 해도 모두 허구에 기반한 작품에 불과했다. 그런 만큼 허무맹랑한 내용이나 장면 등으로 채워진 부분들도 많았다.

〈테이크다운〉은 FBI가 케빈 미트닉을 검거하는 데 조력한 일본인 해커 **쓰토무 시모무라**Tsutomu Shimomura와 당시 체포 현장에 있던 신문 기자 **존 마코프**John Markoff가 공동 집필한 동명 소설이 원작이다. 영화는 케빈이 쓰토무와 우연한 통화로 대립의 날을 세우면서 이들 사이의 밀고 당기는 사이버 추격전을 전개한다. 케빈으로 출연한 **스키트 울리치**Skeet Ulrich의 연기는 영화 문맥상 나름 적절한 듯했다. 오히려 케빈을 추격하는 **톰 베린저**Tom Berenger의 연기는 김빠진 탄산 음료와 같았다. 〈테이크다운〉에서는 나름 극적인 요소들도 구비했지만 불행히도 평단에서는 그리 호의적인 평가가 없었다.

영화에서 내가 특히 주목한 부분은 케빈이 능숙하게 구사했던 사회공학이었다.

어떤 해커가 은밀하게 침투할 대상이 외부망과 단절 상태라면 기술적으로 접근 자체가 불가능하다. 이럴 경우 해커는 해당 건물이나 지역의 관련 정보를 수집해 신분을 변장하거나 위장해 목적지에 접근한 뒤 외부망과 내부망을 은밀하게 연결하거나 아니면 침투 대상 시스템을 직접 공략해야 한다. 이런 일련의 기법이 바로 사회공학이다. 첩보원들이 적지에서 신분을 가장해 수행하는 임무와 같은 맥락이다. 사회공학은 원래 각종 사회 문제를 해결하기 위한 사회적 기술 체계를 의미하는데 그 대상이 인간이란 점에서 긍정적인 요소와 부정적인 요소를 모두 포함한다. 수사관이 용의자의 자백을 받기 위한 다양한 연출 기법 등이 사회공학의 긍정적인 요소에 해당한다면 히틀러가 선동적인 연설 등을 통해 독일 전역을 장악했던 것은 사회공학의 부정적인 요소에 해당한다. 사이버 보안에서는 흔히 사회공학을 후자의 개념에 둔다는 점에서 일종의 사기술이라고 할 수 있겠다. 모니터 앞에 앉아 키보드만 두드리면 해커가 원하는 목표물에 접근해 해당 시스템을 공략한다는 생각은 한낱 영화적 허구나 상상에 불과할 뿐이다. 그만큼 해킹에서 사회공학은 중요하다.

케빈은 전산 실력도 탁월했지만 동시에 타고난 사회공학자이기도 했다. 〈테이크다운〉에서는 능숙한 사기술로 전화 교환망 시스템 정보를 탈취하는 과정이 구체적으로 나온다. 쓰레기통을 뒤져 관련 정보를 수집한 뒤 유지 보수 요원으로 가장해 대학교 슈퍼 컴퓨터에 접근하는 장면도 등장한다. 『네트워크 속의 유령』에서는 전화 통화하는 과정에서 상대방의 키보드 입력 소리만으로 비밀 번호를 유추하는 장면도 있다. 많은 사람들이 케빈을 전설적인 해커라고 부르는 이유다.

병은 병으로 다스린다고 했던가? 케빈의 체포 과정은 쓰토무의 사회공학적인 해킹 기법이었다. 영화에서는 케빈이 탈취한 쓰토무의 자료를 FTP 방식으로 외부로 이동시키지만 사실은 쓰토무가 운영하는 서버였다. 자료를 이동시키는 동안 쓰토무는 위치 추적을 이용해 케빈의 거처를 파악한 뒤 경찰에 신고해 그를 검거한다.

실제 기술을 이용한 케빈의 검거 과정도 영화에서 소개한 장면과 큰 차이가 없다.

1994년 12월 25일 오후 2시 9분경 케빈은 자신을 추적하던 쓰토무의 컴퓨터에 침입했다. 그렇지만 케빈이 침입한 쓰토무의 컴퓨터는 일종의 미끼였다. 케빈은 쓰토무의 컴퓨터를 보안 시스템으로 착각해 이를 무력화시키고자 일종의 DoS 공격을 퍼부었다. 해당 컴퓨터가 버퍼 오버플로우 상태에 빠지자 그는 미리 준비한 시카고 소재 모 대학교의 전산 계정을 이용해 해당 대학교의 컴퓨터에 접속한 뒤 쓰토무의 컴퓨터로 접근했다.

약 20분 후 그는 TCP 연결 하이재킹 기법을 통해 접속 상태를 잠시 차단했다 연결해 쓰토무의 컴퓨터에 별도의 인증 절차를 생략하고 침입했다. 이러저러한 작업을 마친 케빈이 로그 기록을 삭제하려고 하는 순간 쓰토무가 이 사실을 눈치챘다. 로그 기록은 쓰토무 자신이 근무하는 회사의 컴퓨터에서 감시하고 있었기 때문이다. 케빈이 쓰토무의 컴퓨터에서 여러 작업을 수행하는 동안 외부의 원격 컴퓨터에서 경보를 울리며 역추적에 돌입했다. IP 역추적과 휴대 전화 위치 추적 등을 통해 결국 FBI 요원이 현장을 덮치면서 케빈의 수배 생활도 종지부를 찍었다.

⑪

TCP/IP 방식의 데이터 링크 계층

네트워크 계층에서 넘어온 패킷을 기반으로 프레임 전송 단위를 형성하는 데이터 링크 계층은 엄밀히 말해 순수한 TCP/IP 계층은 아니다. **원래 TCP/IP 방식은 응용 계층·전송 계층·네트워크 계층으로 이뤄진 구조였다.** 이후 LAN/WAN 기술이 발전하면서 새롭게 구성한 계층이 데이터 링크 계층이다. 따라서 **데이터 링크 계층에 속하는 프로토콜은 LAN/WAN 영역에서 사용하는 프로토콜에 해당**한다.

스위칭 통신을 구현하는 LAN 영역에서 사용하는 프로토콜에는 1장에서 언급했던 **이더넷 방식**을 비롯해 **토큰 링**token ring 방식과 FDDI^Fiber Distributed Data Interface 방식 그리고 LAN/WAN 영역을 통합한 ATM^Asynchronous Transfer Mode 방식 등이 있다. 오늘날 **이더넷 방식은 LAN 영역에서 사실상 표준**으로 자리를 잡았다.

라우팅 통신을 구현하는 WAN 영역에서 사용하는 프로토콜에는 HDLC^High-Level Data Link Control 방식과 PPP^Point-to-Point Protocol 방식 그리고 가상 회선에 기반해 구현한 X.25 방식과 **프레임 릴레이**frame relay 방식, ATM 방식 등이 있다. LAN 영역과 달리 WAN 영역에서는 사실상 표준 프로토콜이 없기 때문에 라우팅을 구현할 때 상대방 라우터와 연동 시 프로토콜 설정에 주의해야 한다.

이처럼 데이터 링크 계층을 설명하기 위해서는 LAN 영역과 WAN 영역 전반을 세부적으로 언급해야 하지만 11장에서는 ARP 프로토콜에 초점을 두고 설명하고자 한다. ARP 프로토콜의 기능과 동작 등에 대한 내용은 이미 3장에서 상세히 설명한 바 있다. 여기서는 ARP 헤더를 이용해 ARP 요청과 응답 과정을 소개한다.

먼저 ARP 헤더를 포함해 이전까지 소개했던 헤더를 모두 정리하면 표 11-1과 같다(가급적 암기하기 바란다).

표 11-1

헤더 구분	생성 계층	주요 정보	헤더 크기	비고
UDP	전송	포트 번호	8바이트	
TCP	전송	포트 번호	20바이트	
IP	네트워크	IP 주소	20바이트	
ICMP	네트워크		8바이트	
ARP	네트워크	IP/맥 주소	28바이트	
이더넷	데이터 링크	맥 주소	14바이트	

표 11-1에서 정리한 내용은 TCP/IP 방식의 계층적 구조에서 나타나는 핵심적인 헤더들이다. ARP 헤더에는 여타 헤더와 달리 IP 주소와 맥 주소라는 이질적인 주소가 있다. 데이터 링크 계층을 생성하면서 LAN 영역에서 사용하는 맥 주소와 네트워크 계층에서 사용하는 IP 주소의 연결을 위해 설계했기 때문이다. 또한 ARP 프로토콜에는 페이로드 영역이 없다. 오직 헤더로만 이뤄진 구조임을 알 수 있다. ARP 헤더 구조는 그림 11-1과 같다.

```
0          7            15                              31
┌────────────────────────┬───────────────────────────────┐
│      하드웨어 타입        │         프로토콜 타입            │
├───────────┬────────────┼───────────────────────────────┤
│   맥 주소   │   IP 주소   │          OP Code              │
├───────────┴────────────┴───────────────────────────────┤
│                    출발지 맥 주소                         │
├─────────────────────────────────────────────────────────┤
│                    출발지 IP 주소                         │
├─────────────────────────────────────────────────────────┤
│                    목적지 맥 주소                         │
├─────────────────────────────────────────────────────────┤
│                    목적지 IP 주소                         │
└─────────────────────────────────────────────────────────┘
```

그림 11-1

그림 11-1에서 주목해야 할 부분은 **출발지 IP 주소 · 맥 주소**와 **목적지 IP 주소 · 맥 주소** 항목이다. 이 부분을 도표로 표현하면 표 11-2와 같다.

표 11-2

주소	출발지	목적지
프로토콜		
하드웨어		

표 11-2를 자세히 보면 표 3-3의 내용과 같다. 개념적으로 보면 표 3-3이 곧 ARP 헤더에 해당한다고 할 수 있다.

이제 예제 11-1과 같이 로컬 라우터로 ICMP 요청을 보낸다.

```
C:\>ping 192.168.0.1

이하 내용 생략

C:\>arp -a
```

```
인터페이스: 192.168.0.13 --- 0xa

인터넷 주소      물리적 주소             유형
192.168.0.1  00-26-66-86-f8-0c 동적

이하 내용 생략
```

예제 11-1

예제 11-1에서 일어나는 일련의 과정은 이미 3장에서 소개한 적이 있지만, 이번에는
ARP 헤더 관점에서 다시 한번 설명하겠다.

엔터를 누르자마자 운영체제는 자기가 사용하는 서브넷 마스크 255.255.255.0 정보
를 가지고 출발지 IP 주소와 목적지 IP 주소를 각각 192.168.0.13 255.255.255.0과
192.168.0.1 255.255.255.0으로 설정한 뒤 **출발지 IP 주소의 네트워크 ID와 목적지 IP
주소의 네트워크 ID를 비교**한다. 출발지 네트워크 ID 192.168.0과 목적지 네트워크 ID
192.168.0은 서로 같다. 목적지가 출발지와 같은 LAN에 있다는 의미다.

서로 같은 LAN에 있는 목적지로 데이터를 전송하기 위해 운영체제는 ARP 캐시 테이
블에서 목적지 IP 주소 192.168.0.1번에 대응하는 맥 주소의 존재를 검색한다. 검색
결과 목적지 IP 주소에 해당하는 맥 주소가 ARP 캐시 테이블에 없다면, 자기가 속한
LAN 전체를 대상으로 192.168.0.1번에 대응하는 맥 주소를 구하기 위해 네트워크 계
층에서 그림 11-1과 같은 ARP 헤더를 생성한다. 그리고 표 11-2에서 나온 각 항목에
표 11-3과 같이 해당 정보를 담는다.

표 11-3

주소	출발지	목적지
프로토콜	192.168.0.13	192.168.0.1
하드웨어	00-24-1D-DF-8C-47	**00-00-00-00-00-00**

132

표 11-3에서와 같이 목적지 맥 주소 항목에 **00-00-00-00-00-00**처럼 채워지는데, 이는 정확한 목적지 맥 주소를 모른다는 의미다. 이때 **ARP 헤더의 연산 코드**^{opcode code} 항목은 1이다. **ARP 요청**이라는 의미다.

이와 같이 네트워크 계층에서 생성한 ARP 헤더는 데이터 링크 계층으로 넘어가고, ARP 헤더 앞에 크기가 **14바이트**인 이더넷 방식의 프레임 헤더가 붙는다. LAN 영역에서 프레임 헤더의 주요한 정보는 출발지/목적지 맥 주소인데, 출발지와 달리 목적지 맥 주소를 모르기 때문에 해당 헤더의 목적지 맥 주소 항목에는 **ff:ff:ff:ff:ff:ff**처럼 채워진다. 표 11-3의 목적지 맥 주소 항목에 채워진 00-00-00-00-00-00처럼 정확한 목적지 맥 주소를 모르기 때문에 **브로드캐스트 방식으로 전송**하겠다는 의미다.

그림 11-2처럼 ARP 브로드캐스트 요청을 수행하기 위한 프레임을 완성하면, 그림 3-1과 같이 **자기가 속한 LAN 영역의 모든 호스트를 대상으로 ARP 브로드캐스트 질의를 수행**한다.

ICMP 페이로드	ICMP 헤더	IP 헤더	이더넷 프레임 헤더

ARP 헤더	이더넷 프레임 헤더

그림 11-2

그림 9-3에서와 같이 TCP 방식에서 3단계 연결 설정을 수행하기 위해 페이로드가 없이 오직 SYN 플래그를 담은 TCP 헤더만을 생성하는 것처럼 ARP 헤더에서도 그림 11-2에서와 같이 페이로드가 없음을 볼 수 있다.

그림 11-3은 와이어샤크에서 ARP 브로드캐스트 질의를 수행하는 순간이다.

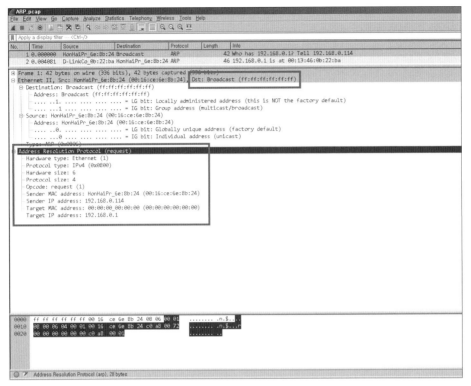

그림 11-3

3장에서 이미 설명한 것과 같이, 출발지 호스트에서 발생한 ARP 브로드캐스트 요청은 동일한 네트워크 ID를 공유하는 모든 LAN 영역의 호스트에게 전해진다. 이때 ARP 브로드캐스트 요청을 받은 호스트에는 인터럽트가 일어난다. 표 11-3에서 나온 정보를 확인해야 하기 때문이다. 물론 192.168.0.1번에 해당하는 라우터도 출발지 호스트로부터 전해진 ARP 브로드캐스트 요청을 확인한다. 이어 자신의 맥 주소 요청이란 사실을 알고 표 11-3의 출발지와 목적지를 바꿔 자신의 맥 주소를 담는다. 이때 **ARP 헤더의 연산 코드** 항목은 2다. **ARP 응답**이라는 의미다.

표 11-4

주소	출발지	목적지
프로토콜	192.168.0.1	192.168.0.13
하드웨어	**00-26-66-86-F8-0C**	00-24-1D-DF-8C-47

표 11-3과 비교할 때 표 11-4는 모든 주소 항목이 채워졌다. 다시 말해, 유니캐스트 전송이 가능한 조건을 이뤘다는 의미다. **목적지 호스트에서는 ARP 요청을 보낸 출발지 호스트를 향해 자신의 맥 주소를 담아 유니캐스트 방식으로 ARP 응답을 전송**한다.

그림 11-4는 와이어샤크에서 ARP 유니캐스트 응답을 수행하는 순간이다.

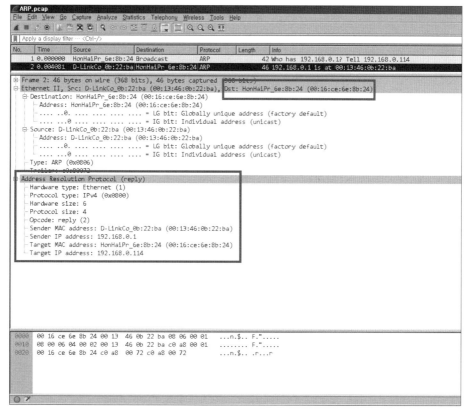

그림 11-4

목적지 호스트로부터 ARP 응답을 받은 출발지 호스트 운영체제는 ARP 응답 헤더로부터 추출한 해당 목적지 맥 주소를 ARP 캐시 테이블에 등록한 뒤 ICMP 패킷을 유니캐스트 방식에 따라 목적지 호스트로 전송한다. 이후 다시 192.168.0.1번으로 ICMP 요청을 보낼 때는 기존의 ARP 캐시 테이블에 등록한 목적지 맥 주소를 참조한다. 이후 일정 시간 동안 해당 맥 주소를 참조하는 일이 없다면 ARP 캐시 테이블에서는 해당 맥 주소를 삭제한다. 이것을 **에이징**aging이라고 한다. ARP 캐시 테이블과 마찬가지로 DNS 캐시 테이블에서도 에이징이 일어난다.

12

TCP/IP 방식의 물리 계층

TCP/IP 방식에서 응용 계층, 전송 계층 또는 네트워크 계층에서 생성한 모든 전송 단위는 결국 물리 계층에서 비트 단위로 변환한다. 또한 응용 계층에서 물리 계층으로 변환하는 과정에서 논리적인 속성이 점차 물리적인 속성으로 변하기 때문에 물리 계층에서는 하드웨어 속성과도 관련이 깊다.

물리 계층에서는 **기계적 · 전기적 · 기능적 · 절차적 기능** 등을 정의한다. 다시 말해, 통신에 필요한 **신호 방식** 또는 **전송 대역폭** 등을 규정한다. 그런 만큼 물리 계층 전반은 전산 분야라기보다는 전기 또는 전자 분야에 해당한다.

물리 계층에 해당하는 장비 또는 장치에는 **UTP 회선** · 처리에 적합한 비트 신호를 전송에 적합한 비트 신호로 변환해주는 **DCE**Data Circuit-Terminating Equipment · **허브** 등과 같은 장치가 있다. 이 중에서 **허브 장비**는 LAN 영역에서 **사용하는 대표적인 집선 장치**다. 가정에서 흔히 사용하는 무선 공유기도 허브 장비의 기능을 수행한다.

여기서는 물리 계층에서 수행하는 기계적·전기적·기능적·절차적 기능을 다루기보다 TCP/IP 네트워크 환경에서 반드시 알아야 할 이른바 3대 네트워크 장비에 대해 설명하겠다.

TCP/IP 계층에 따라 허브·스위치·라우터를 표 12-1처럼 분류한다.

표 12-1

구분	관련 계층	처리 단위	테이블 유무	동작 방식
허브	물리	비트		플러딩
스위치	데이터 링크	프레임	스위칭 테이블	포워딩/플러딩
라우터	네트워크	패킷	라우팅 테이블	포워딩

이제 임의의 LAN 영역에 허브·스위치·라우터가 UTP 회선을 통해 상호 연결 상태라고 가정하겠다. 허브의 1번 포트와 4번 포트를 각각 PC와 스위치에 연결했고, 스위치의 1번 포트와 4번 포트를 각각 허브와 라우터에 연결했으며, 라우터의 이더넷 인터페이스를 스위치에 연결한 상태다. 또한 WAN 영역으로 나가는 라우터의 시리얼 인터페이스에는 PPP 방식을 통해 상대방 라우터와 통신한다고 가정하겠다(라우터에서는 '포트'라는 용어보다는 '인터페이스'라는 용어를 사용한다).

PC에서 발생한 비트가 회선을 타고 먼저 허브에 도착한다. **허브는 물리 계층에서 비트 단위를 처리하는 장치**이기 때문에 비트 단위로 들어온 신호를 1번 포트에서 수신한 뒤 1번 포트를 제외한 모든 포트로 비트 단위를 **플러딩**flooding한다. 다시 말해, 허브에는 전송을 위한 주소 테이블이 없기 때문에 비트를 수신한 포트(1번 포트)를 제외하고 나머지 포트(2번부터 4번 포트까지)로 플러딩한다. 허브는 수신한 비트를 프레임 등으로 디캡슐레이션하는 과정이 없기 때문에 이론상 세 대의 장비 중 가장 빠르다.

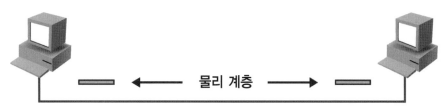

그림 12-1

허브의 플러딩 동작에 따라 비트 신호는 허브의 4번 포트로도 넘어가 스위치 1번 포트로 흘러간다. **스위치는 데이터 링크 계층에서 프레임 단위를 처리하는 장치**이기 때문에 비트 단위로 들어온 신호를 1번 포트에서 수신한 뒤 프레임으로 디캡슐레이션한다. 다시 말해, 비트를 프레임으로 변환한다. **스위치 운영체제는 프레임 헤더에 담긴 목적지 맥 주소가 자신의 스위칭 테이블에 있는지 여부를 검색**한다.

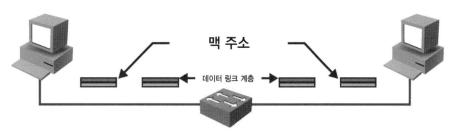

그림 12-2

목적지 맥 주소를 스위칭 테이블에서 검색했다면 프레임을 다시 비트로 변환한 뒤 특정 포트로만 비트 신호를 **포워딩**forwording한다. 이때 목적지 맥 주소가 있는 포트를 제외한 남은 포트로는 비트 신호가 넘치지 못하도록 **블로킹**blocking 처리한다. 이 경우 2번 포트와 3번 포트가 블로킹 상태의 포트에 해당한다. **만약 스위칭 테이블에서 목적지 맥 주소를 검색할 수 없거나 ARP 요청 프레임이라면 스위치는 허브처럼 플러딩 방식으로 동작**한다. 다시 말해, 스위치는 포워딩이 **우성**으로 동작하고 플러딩이 **열성**으로 동작하는 장비다. 이처럼 LAN 영역에서 내부 통신을 구현하기 위한 스위칭 동작은 **포워딩 · 블로킹 · 플러딩**으로 이뤄져 있다.

스위치에서 사용하는 **스위칭 테이블** 또는 **맥 주소 테이블**의 기본 구조는 그림 12-3과 같다.

포트 번호	맥 주소

그림 12-3

스위치의 포워딩 동작에 따라 비트 신호는 4번 포트를 타고 라우터의 이더넷 인터페이스로 흘러간다. **라우터는 네트워크 계층에서 패킷 단위를 처리하는 장치**이기 때문에 비트단위로 들어온 신호를 1번 포트에서 수신한 뒤 프레임으로 변환해 자신의 이더넷 인터페이스(라우터의 LAN 카드에 해당)에 새겨진 맥 주소와 프레임 헤더의 목적지 맥 주소를 비교한다. 일치할 경우 다시 프레임을 패킷으로 변환한다. **라우터 운영체제는 패킷 헤더에 담긴 목적지 IP 주소가 자신의 라우팅 테이블에 있는지 여부를 검색**한다.

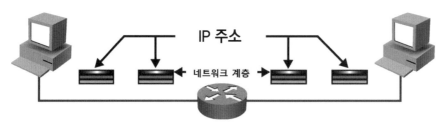

그림 12-4

라우터에서 사용하는 **라우팅 테이블**의 기본 구조는 그림 12-5와 같다.

목적지 네트워크 ID	경유지 인터페이스

그림 12-5

목적지 IP 주소를 라우팅 테이블에서 검색했다면 해당 경유지 인터페이스로 포워딩하기 위해 패킷을 프레임으로 변환한 뒤 **프레임 헤더에는 맥 주소가 아닌 PPP 정보를 삽입**

한다. 다시 말해, **이더넷 헤더가 아닌 PPP 헤더로 변경**한다. PPP 헤더는 그림 12-6과 같다.

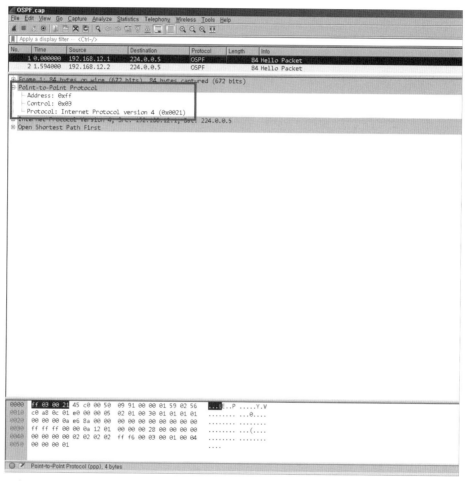

그림 12-6

라우터가 스위칭 통신이 일어나는 LAN 영역에서 라우팅 통신이 일어나는 WAN 영역으로 넘어갈 때 프레임 헤더는 표 12-2와 같이 변한다.

표 12-2

구분	전송 단위	주요 정보
LAN 영역	이더넷 프레임	맥 주소
WAN 영역	PPP 프레임	PPP 정보

PPP 정보를 담은 프레임은 비트로 최종 변환한 뒤 해당 경유지 인터페이스를 타고 목적지 라우터로 흘러간다. 만약 패킷 헤더의 목적지 IP 주소에 해당하는 목적지 네트워크 ID 대역이 라우팅 테이블에 없다면 라우터는 라우팅 불가로 판단해 해당 패킷을 폐기하고 송신자에게 ICMP 방식을 이용해 이러한 사실을 통보해준다. 스위치가 목적지 주소를 모를 경우 LAN 영역 전체를 대상으로 플러딩 동작하는 경우와 다르다.

그림 7-2와 표 12-1을 반영해 해당 관계를 정리하면 표 12-3과 같다.

표 12-3

계층 구분	전송 단위	주요 프로토콜	해당 장비
응용	메시지		
전송	데이터그램 · 세그먼트	UDP · TCP	
네트워크	패킷	IP · ICMP	라우터
데이터 링크	LAN · WAN 프레임	ARP	스위치
물리	비트		허브

네트워크 세대의 한 단면을 잘 묘사한 청춘 영화 〈후아유〉

가끔 과거 영화 중에서 흑진주와 같은 작품을 발견하곤 한다. 개봉 당시 관객들로부터 주목받았어야 할 작품이지만, 불행히 그렇지 못한 영화가 바로 흑진주에 해당한다. **최호** 감독의 **〈후아유〉**도 되돌아 보면 분명 흑진주와 같은 작품이다.

〈후아유〉는 잠자리에서 일어나 다시 누울 때까지 인터넷과 모바일이 일상의 한 부분을 차지하는 이른바 네트워크 세대의 독특한 언어 습관과 사고 방식을 차분하게 묘사했다.

관객은 〈후아유〉를 통해 익명성과 폐쇄성에 의존해 자신을 드러내려는 여자 주인공과 오프라인과 온라인 사이에서 정체성의 혼동을 겪는 남자 주인공을 보며 자신의 위상을 가늠할 수 있다. 특히 초고속 인터넷 강국이라는 대한민국에서 일상을 영위하는 우리에게 분명 무언가를 생각하게 하는 영화다.

〈후아유〉는 개봉 당시 2002년 월드컵과 홍보 부족 등의 이유로 관객 동원에 실패하는 비운을 겪었다. 좋은 영화를 사랑하는 사람들에게는 참으로 유감이다. 그나마 다행스러운 일은 관객 동원 실패 이후에도 여러 경로를 통해 많은 사람들이 영화의 의미와 가치를 높게 평가하고 있다는 점이다. 1년 후 〈후아유〉는 네티즌들의 요청에 의해 DVD 출시에 맞춰 극장에서 재개봉한 바 있다.

가상 현실에 기반한 채팅 게임 '후아유'를 통해 대박을 꿈꾸는 지형태(조승우 분)는 우연한 기회에 '별'이라는 아이디로 베타 테스트에 참가한 서인주(이나영 분)를 접한다. 형태는 인주에게 호감을 느끼지만, 인주에게 형태는 그저 돈이나 밝히는 속물로만 보일 뿐이었다. 인주의 관심은 오직 자신의 채팅 파트너인 '멜로'에게만 있다. 멜로는 그녀의 모든 고민을 들어주고 이해해주는, 그래서 언젠가는 만나고 싶은 친구다.

인주는 멜로에게 자신의 청각 장애와 자폐증을 고백한다.

"내가 못 알아들으면 다들 어쩔 줄 몰라해. 미안. 미안. 미안. 그럼 난 더 씩씩한 척 더 열심히 하는 척 항상 명랑 소녀가 돼. 그래서 새로운 사람은 절대 만나기 싫어. 날 설명해야 하잖아."

이 장면은 네트워크 세대의 익명성과 폐쇄성을 함축한다. 인터넷에 접속한 자신은 상대방에게 자신을 특별히 설명하지 않아도 괜찮다. 필요하다면 아바타로 자신을 표현하면 그만이다. 개방적 공간으로 나가길 주저하는 현대인의 심리를 반영한 대사다.

그러나 인주가 좋아하는 멜로는 사실 형태다. 자신의 동료에게 받은 아이디로 인주를 속이고 있던 것이다.

처음에는 장난으로 시작한 일이었지만, 점차 그녀에게 사랑을 느끼면서 형태는 자신의 정체를 밝힐 기회를 놓치고 만다. 멜로를 따뜻하게 대하는 인주의 태도에 형태는 자기 자신에 대한 질투에 빠지고 결국 별이에게 만남을 요구하기에 이른다.

하지만 약속 장소까지 나간 형태는 결국 인주를 피한다. 주의 깊은 관객이라면 해당 장면에서 거울에 비친 형태의 모습을 볼 수 있다. 실제 대상과 거울의 대상이 끝없이 이어지는 장면이야말로 네트워크 세대가 경험할 수 있는 정체성의 혼란을 극적으로 표현한 부분이다. 영화의 주제 의식이 가장 잘 드러난 장면이기도 하다.

〈후아유〉에서 두 주인공으로 나온 조승우와 이나영의 연기도 빼놓을 수 없는 부분이다. 네트워크 세대의 톡톡 튀는 감성을 연기한 이 둘의 연기는 안정감 있었다. PC 앞에서 별이를 위해 노래를 불러주던 조승우의 모습은 많은 관객들에게 깊은 인상을 남겼다.

쿠로츠치 미츠오^{Mitsuo Kurotsuchi}의 〈에이지〉(英二, 1999)나 **박희준**의 〈천사몽〉(2001)에서 야성적인 여인상을 보여줬으나 흥행 참패 등으로 연기의 외곽으로 밀려날 뻔한 이나영의 새로운 변신도 언급할 만하다. 그녀는 〈후아유〉를 통해 본격적으로 정상에 오르는 계기를 마련했다. 이나영은 이후 〈**네 멋대로 해라**〉란 드라마에서 전경 역으로 출연하며 자신만의 독특한 분위기를 더욱 완성하기도 했다.

일반인들에게 호기심의 대상일 수도 있는 인터넷 기업 종사자들의 근무 방식이나 일상 생활 그리고 이제는 일상이기도 한 이른바 동호회의 번개 등을 보는 것도 〈후아유〉의 재미를 더해준다.

13

TCP/IP 방식에 따른
완전한 전송 과정

오직 명령 프롬프트 창에서만 볼 수 있는 TCP/IP 동작을 그림 1-1의 ipconfig 명령어 입력부터 그림 12-6의 PPP 헤더까지 알아봤다. 이제 TCP/IP 구조와 동작을 최종적으로 확인해보겠다. 지금까지 설명한 **모든 내용에 대한 압축**에 해당한다. 설명 중 모르는 부분이 나오면 해당 장을 통해 반드시 확인하기 바란다.

PC에서 **DNS 캐시 테이블과 ARP 캐시 테이블**이 빈 상태이고 DNS 서버가 8.8.8.8번일 경우 예제 13-1과 같은 웹 서버 접속 과정을 TCP/IP 구조에 따라 순차적으로 설명하겠다.

```
C:\>telnet police.go.kr 80
```

예제 13-1

윈도우 7 운영체제에는 텔넷Telnet이 기본적으로 없다. 프로그램 추가를 통해 별도로 설치한 뒤 예제 13-1과 같이 입력한다. 이제 여러분의 머리에는 표 13-1과 같은 내용이 떠올라야 한다.

표 13-1

계층	헤더	출발지 주소	목적지 주소
전송	TCP 세그먼트	1,024번 이후	80번
네트워크	IP 패킷	192.168.0.13	116.67.118.148
데이터 링크	이더넷 프레임	00-24-1D-DF-8C-47	00-26-66-86-F8-0C

엔터를 누르면 운영체제에서는 다음과 같이 일련의 동작을 수행한다.

1. 목적지 IP 주소에 해당하는 도메인 네임을 **하드 디스크에서 검색**한다. 윈도우 운영체제의 경우라면 C:₩Windows₩System32₩drivers₩etc₩hosts에서 검색한다.

2. 하드 디스크에서 해당 도메인 네임을 검색할 수 없다면 **DNS 캐시 테이블에서 검색**한다.

3. DNS 캐시 테이블에서도 해당 도메인 네임을 검색할 수 없다면 내부에서 DNS 서버 IP 주소를 검색한 뒤 **로컬 IP 주소와 DNS 서버 IP 주소의 네트워크 ID를 자신의 서브넷 마스크를 이용해 비교**한다. **출발지와 목적지의 네트워크 ID가 상이하기 때문에** DNS 서버로 가기 위해 **ARP 테이블에서 라우터의 맥 주소를 검색**한다.

4. ARP 캐시 테이블에서 라우터의 맥 주소를 검색할 수 없다면 네트워크 계층에서는 1개의 ARP 헤더를 생성해 데이터 링크 계층으로 ARP 헤더를 넘긴다.

```
ARP 요청 헤더
```

그림 13-1

5. 데이터 링크 계층에서는 네트워크 계층으로부터 넘어온 ARP 헤더 앞뒤로 각각 헤더와 트레일러를 추가해 1개의 이더넷 프레임을 생성한 뒤 물리 계층으로 이더넷 프레임을 넘긴다. 이때 **트레일러**trailer에는 **오류 정보**를 담는다(지금까지는 트레일러가 없다고 가정하고 프레임을 설명했다).

트레일러	ARP 요청 헤더	이더넷 헤더

그림 13-2

6. 물리 계층에서는 데이터 링크 계층으로부터 넘어온 이더넷 프레임을 비트로 변환한 뒤 **브로드캐스트** 방식에 따라 **ARP 요청을 LAN 영역 전체로 전송**한다. 라우터는 자신의 맥 주소를 담아 송신자에게 **유니캐스트** 방식에 따라 **ARP 응답을 전송**한다.

7. 라우터로부터 ARP 응답이 오면 ARP 헤더에서 목적지 맥 주소를 추출해 **ARP 캐시 테이블에 반영**한다.

8. 응용 계층에서는 UDP 속성에 따라 도메인 네임 질의 정보를 담은 1개의 DNS 페이로드를 생성한 뒤 전송 계층으로 DNS 페이로드를 넘긴다.

UDP 방식에 따라 작성한 DNS 페이로드

그림 13-3

9. 전송 계층에서는 응용 계층으로부터 넘어온 DNS 페이로드 앞에 UDP 헤더를 추가해 1개의 UDP 데이터그램을 생성한 뒤 네트워크 계층으로 UDP 데이터그램을 넘긴다.

DNS 페이로드	UDP 헤더

그림 13-4

10. 네트워크 계층에서는 전송 계층으로부터 넘어온 UDP 데이터그램 앞에 IP 헤더를 추가해 1개의 IP 패킷을 생성한 뒤 데이터 링크 계층으로 넘긴다.

DNS 페이로드	UDP 헤더	IP 헤더

그림 13-5

11. 데이터 링크 계층에서는 네트워크 계층으로부터 넘어온 IP 패킷 앞뒤로 각각 헤더와 트레일러를 추가해 1개의 이더넷 프레임을 생성한 뒤 물리 계층으로 이더넷 프레임을 넘긴다.

트레일러	DNS 페이로드	UDP 헤더	IP 헤더	이더넷 헤더

그림 13-6

12. 물리 계층에서는 데이터 링크 계층으로부터 넘어온 이더넷 프레임을 비트로 변환한 뒤 유니캐스트 방식에 따라 라우터로 해당 비트를 전송한다.

13. 목적지 DNS 서버(8.8.8.8번)로부터 도메인 네임 질의에 대한 응답이 오면 해당 IP 주소를 **DNS 캐시 테이블에 반영**한다.

14. 응용 계층에서는 TCP 속성에 따라 HTTP 정보를 담은 1개의 HTTP 페이로드를 생성한 뒤 전송 계층으로 HTTP 페이로드를 넘긴다.

TCP 방식에 따라 작성한 HTTP 페이로드

그림 13-7

15. 전송 계층에서는 응용 계층으로부터 넘어온 HTTP 페이로드를 버퍼에 저장한다.

16. 전송 계층에서는 SYN 플래그를 설정한 1개의 TCP 헤더를 생성해 네트워크 계층으로 TCP 헤더를 넘긴다.

SYN 플래그를 설정한 TCP 헤더

그림 13-8

17. 네트워크 계층에서는 전송 계층으로부터 넘어온 TCP 헤더 앞에 IP 헤더를 추가해 1개의 IP 패킷을 생성한 뒤 데이터 링크 계층으로 넘긴다.

TCP 헤더	IP 헤더

그림 13-9

18. 데이터 링크 계층에서는 ARP 캐시 테이블을 참조해 네트워크 계층으로부터 넘어온 IP 패킷 앞뒤로 각각 헤더와 트레일러를 추가해 1개의 이더넷 프레임을 생성한 뒤 물리 계층으로 이더넷 프레임을 넘긴다.

트레일러	TCP 헤더	IP 헤더	이더넷 헤더

그림 13-10

19. 물리 계층에서는 데이터 링크 계층으로부터 넘어온 이더넷 프레임을 비트로 변환한 뒤 유니캐스트 방식에 따라 라우터로 해당 비트를 전송한다.

20. 목적지 웹 서버(116.67.118.148번)로부터 ACK · SYN 플래그가 오면 전송 계층에서는 ACK 플래그를 설정한 1개의 TCP 헤더를 생성해 네트워크 계층으로 TCP 헤더를 넘긴다.

ACK 플래그를 설정한 TCP 헤더

그림 13-11

21. 목적지와 3단계 연결 과정을 마치면 전송 계층에서는 버퍼에 저장했던 HTTP 페이로드를 추출한 다음 HTTP 페이로드를 여러 개로 단편화한다. 이제 조각난 HTTP 페이로드 각각에 TCP 헤더를 추가해 여러 개의 TCP 세그먼트를 생성한 뒤 네트워크 계층으로 TCP 세그먼트를 넘긴다.

HTTP 페이로드	TCP 헤더

그림 13-12

22. 네트워크 계층에서는 전송 계층으로부터 넘어온 각각의 TCP 세그먼트 앞에 IP 헤더를 추가해 여러 개의 IP 패킷을 생성한 뒤 데이터 링크 계층으로 넘긴다.

HTTP 페이로드	TCP 헤더	IP 헤더

그림 13-13

23. 데이터 링크 계층에서는 ARP 캐시 테이블을 참조해 네트워크 계층으로부터 넘어온 각각의 IP 패킷 앞뒤로 헤더와 트레일러를 추가해 여러 개의 이더넷 프레임을 생성한 뒤 물리 계층으로 이더넷 프레임을 넘긴다.

트레일러	HTTP 페이로드	TCP 헤더	IP 헤더	이더넷 헤더

그림 13-14

24. 물리 계층에서는 데이터 링크 계층으로부터 넘어온 이더넷 프레임을 비트로 변환한 뒤 유니캐스트 방식에 따라 라우터로 해당 비트를 전송한다.

다시 한번 말하지만 13장의 내용은 지금까지 설명한 모든 내용을 압축한 것이다. 이해가 안 되는 부분이 있으면 반드시 해당 장에서 관련 내용을 읽어보기 바란다.

14

LAN/WAN 영역의 개념적 이해

13장을 통해 **TCP/IP 전반을 총정리**했다면 14장에서는 **LAN/WAN 개념을 총정리**하겠다.

LAN/WAN 영역에서 사용하는 **이더넷**이나 **PPP** 같은 프로토콜은 TCP/IP 프로토콜과는 별개였다. 이후 TCP/IP 프로토콜이 인터넷 표준으로 정착하면서 LAN/WAN 기술과 통합했다고 이미 앞에서 설명했다. 이런 점에서 TCP/IP 계층 중 **데이터 링크 계층과 물리 계층은 LAN/WAN 영역의 기술을 흡수하기 위해 마련한 계층**이다.

네트워크 ID는 무수한 LAN 영역 중 특정 LAN 영역을 구분하기 위한 식별자로, 라우터가 라우팅을 수행하기 위한 주소 체계다. 반면, **호스트 ID**는 해당 LAN 영역에 속한 무수한 호스트 중 특정 호스트를 구분하기 위한 식별자다. 이때 동일한 LAN 영역에서 호스트 사이의 통신은 맥 주소에 기반한 스위칭 통신이기 때문에 **호스트 ID와 맥 주소 사이의 연결고리가 필요**하다. 그래서 등장한 프로토콜이 바로 **네트워크 계층과 데이터 링크 계층 사이에서 동작하는 ARP/RARP**이다. 11장에서 살펴본 바와 같이 ARP는 **IP 주소에 기반해 맥 주소를 구하는 기능을 수행**하고 RARP는 **맥 주소에 기반해 IP 주소를 구하는 기능을 수행**한다 (지금은 DHCP 기능이 RARP 역할을 수행한다).

한편, LAN 영역 전반을 관리하는 IEEE에서는 데이터 링크 계층을 좀 더 세부적으로 구분해 사용한다. IEEE에서는 데이터 링크 계층을 **논리 회선 제어**[LLC] **부계층과 매체 접근 제어**[MAC] **부계층으로 구분한다. LLC 부계층은 네트워크 계층과 데이터 링크 계층의 중간 매체로서 NIC 드라이버 등을 구현하기 위한 계층**이고, **MAC 부계층은 프레임 전송 단위를 생성하는 계층**이다.

데이터 링크 계층의 전송 단위에 해당하는 **이더넷 프레임 헤더의 항목**은 그림 14-1과 같다.

목적지 맥 주소	출발지 맥 주소	타입

그림 14-1

맥 주소가 48비트 체계인 만큼 목적지 맥 주소 항목과 출발 맥 주소 항목은 각각 6바이트를 이룬다. 2바이트 크기의 타입 항목은 네트워크 계층에 해당하는 프로토콜 정보를 담는다. 일반적으로 타입 항목에는 **0x0800** 정보가 담긴다. **IPv4 주소**라는 의미다.

프레임 헤더가 14바이트 크기를 이룬다면, 프레임 트레일러는 4바이트 크기를 이룬다. CRC 같은 오류 정보를 담아 데이터 전체를 대상으로 오류 여부를 점검하는 기능을 수행한다. 와이어샤크에서는 트레일러 부분을 볼 수 없다.

비트 단위를 처리하는 **물리 계층의 핵심적인 장치가 회선과 허브라고 한다면, 프레임 단위를 처리**하는 **데이터 링크 계층의 핵심적인 장치는 LAN 카드와 스위치다.**

먼저 LAN 카드의 동작부터 알아보겠다. LAN 카드에는 맥 주소가 새겨져 있다. IP 주소처럼 사용자가 임의로 변경할 수 있는 속성이 아니다. 회선을 타고 비트 신호가 들어오면 LAN 카드에서는 비트 단위를 프레임 단위로 변경한다. LAN 카드는 프레임 헤더의 목적지 맥 주소와 자신의 맥 주소를 비교한다. **목적지 맥 주소 항목에 있는 맥 주소와 자신의 맥 주소가 동일하다는 의미는 자신에게 들어오는 데이터라는 의미이기 때문에 해당**

프레임을 네트워크 계층으로 보낸다. 만약 상이하다면 자신에게 오는 데이터가 아니라고 판단해 폐기한다.

허브로 LAN 영역을 구성할 경우 LAN 카드 자신과 상이한 맥 주소가 나타날 수 있다. 허브는 플러딩으로 동작하는 장비이기 때문이다. 플러딩 동작에 따라 출발지 호스트가 전송한 비트를 특정 목적지 호스트뿐 아니라 다른 여러 호스트에서도 수신한다. 이럴 경우 LAN 카드는 자신의 맥 주소에 해당하는 프레임만 수신하기 때문에 흔히 아는 것처럼 허브 환경에서는 와이어샤크만 있으면 출발지와 목적지 사이에서 주고받는 패킷 내용을 무조건 볼 수 있는 것은 아니다. 패킷을 분석하고 싶다면 자신의 LAN 카드 동작 방식을 무작위 모드로 변경해야 한다. **무작위 모드**promiscuous mode란 **LAN 카드의 맥 주소와 프레임 헤더의 목적지 맥 주소가 상이하더라도 LAN 카드가 해당 프레임을 수신하는 동작**이다.

윈도우 운영체제에서는 WinPcap 파일을 설치하면 해당 LAN 카드가 무작위 모드로 동작한다. WinPcap은 다음 사이트에서 받을 수 있다.

www.winpcap.org

와이어샤크 또는 **엔맵**을 설치할 경우 해당 운영체제에 WinPcap을 미설치한 상태라면 자동으로 설치해준다. 참고로 무선 LAN 환경에서는 WinPcap이 아닌, **AirPcap**이라는 USB 메모리 모양의 하드웨어 장치를 이용한다. WinPcap과 달리 AirPcap은 유료다.

리눅스 기반의 운영체제에서는 윈도우 운영체제와 달리, 명령어 입력을 통해 무작위 모드로 변경이 가능하다. **리눅스 기반의 운영체제에서는 ifconfig eth0 promisc 명령어와 ifconfig eth0 -promisc 명령어를 이용해 무작위 모드로 변경이 가능**하다. 물론, LAN 카드와 같이 하드웨어 변경 관련 작업인 만큼 **관리자 계정인 root 계정으로 작업**해야 한다.

```
root@debian:~# ifconfig
eth0      Link encap:Ethernet  HWaddr 00:0c:29:e5:69:0c
          inet addr:192.168.10.213  Bcast:192.168.10.255  Mask:255.255.255.0
          inet6 addr: fe80::20c:29ff:fee5:690c/64 Scope:Link
          UP BROADCAST RUNNING MULTICAST  MTU:1500  Metric:1
          RX packets:117 errors:0 dropped:0 overruns:0 frame:0
          TX packets:208 errors:0 dropped:0 overruns:0 carrier:0
          collisions:0 txqueuelen:1000
          RX bytes:53740 (52.4 KiB)  TX bytes:27235 (26.5 KiB)
          Interrupt:18 Base address:0x2000
```

예제 14-1

```
root@debian:~# ifconfig eth0 promisc
root@debian:~# ifconfig
eth0      Link encap:Ethernet  HWaddr 00:0c:29:e5:69:0c
          inet addr:192.168.10.213  Bcast:192.168.10.255  Mask:255.255.255.0
          inet6 addr: fe80::20c:29ff:fee5:690c/64 Scope:Link
          UP BROADCAST RUNNING PROMISC MULTICAST  MTU:1500  Metric:1
          RX packets:151 errors:0 dropped:0 overruns:0 frame:0
          TX packets:252 errors:0 dropped:0 overruns:0 carrier:0
          collisions:0 txqueuelen:1000
          RX bytes:56739 (55.4 KiB)  TX bytes:35835 (34.9 KiB)
          Interrupt:18 Base address:0x2000
```

예제 14-2

예제 14-1에서와 같이 LAN 카드(eth0 부분)는 UP BROADCAST RUNNING MULTICAST 처럼 동작한다. 무작위 모드가 아니라는 의미다. 이제, ifconfig eth0 promisc 명령 어를 입력한 뒤 확인해보면 예제 14-2에서와 같이 해당 LAN 카드는 UP BROADCAST RUNNING PROMISC MULTICAST처럼 무작위 모드로 동작한다. 다시 말해, 허브 환경이 라면 출발지 호스트와 목적지 호스트가 서로 주고받은 패킷을 스니핑할 수 있는 상태 라는 의미다. ifconfig eth0 -promisc 명령어를 입력하면 무작위 모드가 꺼지면서 예제 14-1처럼 원래 상태로 돌아간다. LAN 카드의 무작위 모드 속성은 아주 중요한 내용인 만큼 반드시 이해하고 기억해두기 바란다.

다음으로 스위치의 동작을 알아보겠다. 12장에서 내부 통신을 구현하는 스위칭 기능을 설명했지만 이를 좀 더 설명하겠다.

스위치에는 **스위칭 테이블**이 있다. 스위칭 테이블 구조는 그림 12-6에서 보는 바와 같이 포트와 맥 주소라는 2개의 항목으로 이뤄졌다. 이제 4개의 포트가 달린 스위치가 있고 각 포트에 호스트가 물린 상태리고 가정하겠다. 각 포트에 물린 호스트에서 사용하는 맥 주소는 표 14-1과 같다.

표 14-1

구분	맥 주소	비고
1번 호스트	00-00-00-00-00-01	출발지
2번 호스트	00-00-00-00-00-02	
3번 호스트	00-00-00-00-00-03	
4번 호스트	00-00-00-00-00-04	목적지

또한 스위칭 테이블 상태는 그림 14-2와 같다.

포트 번호	맥 주소

그림 14-2

그림 12-6과 마찬가지로 예제 14-1에서 언급한 포트 번호는 전송 계층에서 사용하는 포트 번호와 달리 물리적인 접속 부위를 뜻한다. 주의하기 바란다.

이제 1번 포트에 물린 1번 호스트에서 4번 호스트로 ICMP 요청을 전송하기 위해 ARP 캐시 테이블을 참조한 뒤 비트를 전송한다. 비트는 회선을 타고 스위치 1번 포트로 들어온다. 스위치 운영체제는 들어온 비트를 프레임으로 변환한 뒤 프레임 헤더에서 출발지 맥 주소 항목으로부터 00-00-00-00-00-01 맥 주소를 추출해 그림 14-3처럼 스위칭 테이블에 반영한다.

포트 번호	맥 주소
1	00-00-00-00-00-01

그림 14-3

그림 14-3처럼 **출발지 맥 주소를 스위칭 테이블에 반영하는 동작**을 러닝^{learning}이라고 한다.

러닝 과정을 마친 뒤 이번에는 목적지에 해당하는 00-00-00-00-00-04 맥 주소를 스위칭 테이블에서 검색한다. 그림 14-3에서와 같이 목적지에 해당하는 00-00-00-00-00-04 맥 주소가 없다. 그럼 스위치 운영체제는 1번 포트를 제외한 남은 포트 중 어딘가에 00-00-00-00-00-04 맥 주소가 있다고 판단하고 허브가 동작하는 것처럼 **플러딩**^{flooding}을 수행한다. 플러딩 방식에 따라 1번 호스트를 제외한 모든 호스트는 스위치가 전송한 비트를 수신한다. 2번과 3번 호스트는 들어온 비트를 자신의 LAN 카드에서 프레임으로 전환한 뒤 **목적지 맥 주소와 자신의 맥 주소를 비교해 보면 서로 상이하**

기 때문에 폐기하지만, 4번 호스트는 목적지 **맥 주소와 자신의 맥 주소를 비교해 보면 서로 동일하기 때문에 수신해** 상위 계층으로 넘긴다.

이제 4번 호스트는 1번 호스트에게 ICMP 응답을 전송한다. 스위치 4번 포트에서 비트가 들어오면 스위치 운영체제는 **러닝** 과정을 통해 그림 14-4처럼 출발지 맥 주소 00-00-00-00-00-04를 스위칭 테이블에 반영한다.

포트 번호	맥 주소
1	00-00-00-00-00-01
4	00-00-00-00-00-04

그림 14-4

이제 목적지 맥 주소 00-00-00-00-00-01을 스위칭 테이블에서 검색한다. 그림 14-4와 같이 목적지 맥 주소가 1번 포트에 있다. 스위치 운영체제는 2번과 3번 포트를 **블로킹**blocking한 뒤 프레임을 비트로 변환해 1번 포트로 **포워딩**forwording한다. 이렇게 스위칭 테이블에 올라간 맥 주소는 1번과 4번 포트 사이에서 일정 시간 동안 통신이 없으면 해당 맥 주소를 삭제한다. 이것을 **에이징**aging이라고 한다. 에이징으로 모든 맥 주소가 없어졌다면 스위치에서는 또 플러딩이 일어날 수밖에 없다. 에이징은 스위칭 테이블뿐 아니라 ARP 캐시 테이블에서도 일어난다. 참고로 **스위칭 테이블에서 에이징이 일어나면 플러딩**이 일어나지만 **ARP 캐시 테이블에서 에이징이 일어나면 브로드캐스팅**이 일어난다(용어만 다를 뿐 본질적으로 동일한 동작이다).

이것이 바로 내부 통신을 구현하는 스위치 장비의 완전한 스위칭 동작이다.

비트 단위를 플러딩으로 처리하는 허브와 프레임 단위를 포워딩으로 처리하는 스위치는 외관상 비슷해 보일지 모르지만 동작 방식은 지금까지 설명한 바와 같이 전혀 다르다. **허브와 스위치를 서로 연동하는 방식**은 과거부터 **부적절한 구성**이었다. 5개의 포트로 이뤄진 허브가 있는데 1번부터 4번 포트까지는 호스트에 물렸고 5번 포트는 스위치 1번 포트에 물린 상황이라고 하자. 허브에 물린 1번부터 4번 호스트는 플러딩에 따라 통신한다. 문제는 스위치에 물린 5번 포트로도 플러딩이 전해진다는 데 있다. 허브에서 통신이 일어나면 그림 14-2와 같은 스위칭 테이블 상태는 금방 그림 14-5처럼 변한다.

포트 번호	맥 주소
1	00-00-00-00-00-0a
1	00-00-00-00-00-0b
1	00-00-00-00-00-0c
1	00-00-00-00-00-0d

그림 14-5

그림 14-5와 같이 스위칭 테이블이 주어진 용량을 모두 채운 상태에서 스위치 2번 포트와 3번 포트에 물린 호스트 사이에 ICMP 요청과 응답이 일어나면 스위치는 어떻게 동작하겠는가?

2번 포트로부터 들어온 프레임 헤더를 통해 목적지 맥 주소 00-00-00-00-00-03을 스위칭 테이블에서 검색하면 그림 14-5에서와 같이 해당 맥 주소가 없다. 그럼 스위치는 플러딩 방식으로 해당 프레임을 전송한다. 3번 호스트가 ICMP 응답을 전송하면 스위치 운영체제는 3번 포트로부터 들어온 프레임 헤더를 통해 목적지 맥 주소 00-00-00-00-00-02를 스위칭 테이블에서 검색한다. 이 역시도 그림 14-5에서 보는 바와 같이 해당 맥 주소가 없기 때문에 플러딩 방식으로 전송할 수밖에 없다. 포워딩으로 동작하던 스위치가 플러딩으로 동작하는 허브로 전락한 경우다. 이러한 상황을 인위적으로 유발케 하는 공격을 **맥 플러딩**MAC Flooding **공격**이라고 한다.

스위치 장비의 또 다른 기능은 VLAN 기법의 구현이다. VLAN Virtual LAN이란 **1개의 물리적인 LAN 영역을 여러 개의 논리적인 LAN 영역으로 분할하는 기법**이다. 다시 말해, **1개의 LAN 영역을 대상으로 이뤄진 1개의 ARP 영역을 여러 개의 ARP 영역으로 분할하는 기법**을 VLAN이라고 한다.

임의의 LAN 영역에서 A 등급에 해당하는 10.0.0.0 255.0.0.0.0 대역을 ISP 업체로부터 할당받았다고 하자. 네트워크 ID는 10번이고 남은 0.0.0번이 호스트 ID를 이룬다. 호스트 ID 개수는 10진수 한 자리가 2진수 8비트에 해당하기 때문에 이것을 산술적으로 계산하면 무려 16,777,216(2^{24})개가 나온다. 이 중에서 **호스트 ID가 모두 0인 경우에 해당하는 네트워크 IP 주소**와 **호스트 ID가 모두 1인 경우에 해당하는 브로드캐스트 IP 주소** 2개를 제외하더라도 사용 가능한 호스트 ID는 16,777,214개에 이른다.

B 등급에 해당하는 172.16.0.0 255.255.0.0 대역을 할당받았다면 네트워크 ID는 172.16번이고 남은 0.0번이 호스트 ID를 이룬다. 호스트 ID 개수는 A 등급보다는 적지만 그래도 65,536(2^{16})개나 나온다. 네트워크 IP 주소와 브로드캐스트 IP 주소, 이 2개를 제외하면 실제 사용 가능한 호스트 ID 개수는 65,534개다. 이 정도 규모면 한 대의 라우터에서 감당할 수 있는 호스트 개수가 아니다. 라우터 처리 능력뿐만 아니라 해당 LAN 영역에서 발생하는 ARP 요청과 응답도 중요하게 고려해야 한다.

A 등급으로 이뤄진 LAN 영역에서 호스트 ID 개수는 16,777,214개이기 때문에 각 호스트가 라우터로 향한다면 무려 16,777,214번의 ARP 요청과 응답이 일어난다. B 등급으로 이뤄진 LAN 영역이라면 65,534번의 ARP 요청과 응답이 일어난다(모두 이론상 그렇다는 말이다).

ARP 요청과 응답의 본질은 운영체제로 하여금 맥 주소를 확인하고 해당 맥 주소를 적재하는 작업이다. 라우팅에 전념해야 할 라우터가 16,777,214번, 아니 65,534번의 ARP 요청과 응답을 수행해야 한다면 과연 정상적인 라우팅 기능을 수행할 수 있을까? 아마 무수한 ARP 요청과 응답에 따른 과부하 때문에 라우팅이 불가능할 수도 있다. 이러한 내용을 기반으로 A 등급의 ARP 영역을 숫자로 표현하면 16,777,214이고, B 등급의 ARP 영역을 숫자로 표현하면 65,534이고, C 등급의 ARP 영역을 숫자로 표현하면 254 라고 할 수 있다.

VLAN 기법은 이처럼 **대규모의 ARP 영역을 여러 개의 ARP 영역으로 분할해 각 ARP 영역의 크기를 줄이는 기능**이다.

스위치 장비에서 VLAN 기능을 구성하는 순서는 먼저 **단일 IP 주소 대역을 서브넷 대역으로 분리**하고 **스위치 장비의 포트에 기반해 각각의 서브넷 대역을 설정**한다. 서브넷 대역에 대한 내용부터 보자.

192.168.10.0 255.255.255.0 대역을 사용하는 임의의 LAN 영역이 있다고 가정하겠다. 해당 대역을 그대로 사용하면 네트워크 IP 주소와 브로드캐스트 IP 주소를 포함한 호스트 ID 개수는 $256(2^8)$개가 나온다.

표 14-2

호스트 ID 범위	프리픽스	서브넷 마스크	네트워크 IP	브로드캐스트 IP
0~255	/24	255.255.255.0	192.168.10.0	192.168.10.255

그런데 해당 LAN 영역은 클라이언트 집단과 서버 집단으로 이뤄졌다. 클라이언트 집단에서 발생하는 ARP 요청은 동일한 네트워크 ID를 공유하는 서버 집단으로도 넘어간다. 이처럼 단일한 ARP 영역에 클라이언트 집단과 서버 집단을 구성한다면 서버로서는 상당한 부담이 아닐 수 없다. 그렇지만 클라이언트 집단만을 위한 ARP 영역과 서버 집단만을 위한 ARP 영역으로 구분한다면 이전과 달리 분명 ARP 요청과 응답의 횟수를 줄일 수 있다.

이제 클라이언트 집단의 ARP 영역과 서버 집단의 ARP 영역을 각각 구성하기 위해 해당 IP 대역을 2개의 대역으로 구분하면 표 14-3과 같다.

표 14-3

호스트 ID 범위	프리픽스	서브넷 마스크	네트워크 IP	브로드캐스트 IP
0~127	/25	255.255.255.128	192.168.10.0	192.168.10.127
128~255	/25	255.255.255.128	192.168.10.128	192.168.10.255

표 14-2처럼 주어진 192.168.10.0/24 대역을 2개의 대역으로 구분하면 표 14-3처럼 해당 대역은 각각 192.168.10.0/25와 192.168.10.128/25처럼 나눠진다. 해당 대역을 2개로 구분하면서 **프리픽스 부분**과 **서브넷 마스크 부분**, **네트워크 IP 주소**와 **브로드캐스트 IP 주소**에 변화가 생겼다.

1장에서 이제 입문한 사람에게 서브넷 마스크를 정확히 설명하기는 무리라고 하면서, 서브넷 마스크를 설명하려면 서브넷 개념부터 설명해야 하고 또한 이를 설명하기 위해서는 IP 전반에 대한 이야기부터 풀어나가야 하기 때문이라고 말했었다. 지금까지 내용을 잘 소화했다면 이제는 IP 전반에 대한 내용을 알고 있을 뿐만 아니라 서브넷 마스크가 의미하는 바도 익숙한 상태라고 믿는다. 그렇다면 곧바로 **서브넷**^{subnet}이란 표 14-3과 같이 **1개의 IP 주소 대역을 2의 배수 단위로 나누는 기법**이라고 해도 이해할 수 있을 것이다.

누군가 여러분에게 "제 IP 주소는 192.168.10.10번입니다."라고 했다고 하자. 이 때 주어진 IP 주소만으로 추측할 수 있는 내용은 무엇인가? 첫 번째 자리가 192번이니 C 등급에 해당하고 192.168번이니 사설 IP 주소임을 알 수 있다. 그렇지만 해당 IP 주소가 표 14-2처럼 사용하는 경우인지, 아니면 표 14-3처럼 사용하는 경우인지는 알 수가 없다. 표 14-2처럼 사용하는 경우라면 **네트워크 IP 주소가 192.168.10.0번이고 브로드캐스트 IP 주소가 192.168.10.255번에 해당**하지만 표 14-3처럼 사용하는 경우라면 네트워크 IP 주소가 192.168.10.128번이고 브로드캐스트 IP 주소가 192.168.10.255번에 해당한다. 이와 같이 자기가 사용하는 IP 주소는 네트워크 IP 주소와 브로드캐스트 IP 주소에 따라 해당 범위를 추측할 수 있는데 현재로서는 표 14-2와 표 14-3 중 어떤 경우인지 알 수가 없다.

그런데 "제 IP 주소는 192.168.10.10번이고 서브넷 마스크는 255.255.255.128입니다."라고 하면 서브넷 마스크라는 부가적인 정보를 통해 해당 IP 주소가 표 14-3에서와 같이 192.168.10.0번부터 192.168.10.127번 사이에 있는 IP 주소임을 알 수 있다. 이것이 바로 서브넷과 서브넷 마스크의 정체다.

일례를 좀 더 들어보겠다. 192.168.10.0/24 대역을 표 14-3처럼 2개의 대역, 다시 말해 2개의 서브넷 대역이 아닌 4개의 서브넷 대역으로 분할하면 표 14-4와 같다.

표 14-4

호스트 ID 범위	프리픽스	서브넷 마스크	네트워크 IP	브로드캐스트 IP
0~63	/26	255.255.255.192	192.168.10.0	192.168.10.63
64~127	/26	255.255.255.192	192.168.10.64	192.168.10.127
128~191	/26	255.255.255.192	192.168.10.128	192.168.10.191
192~255	/26	255.255.255.192	192.168.10.192	192.168.10.255

눈썰미가 좋다면 표 14-2 · 표 14-3 · 표 14-4에서 프리픽스 표기의 변화를 통해 일정한 규칙성을 발견할 수 있을 것이다. 1개의 대역일 경우 프리픽스가 /24였는데, 2개의 서브넷 대역일 경우 /25이고, 4개의 서브넷 대역일 경우 /26으로 변한다. 8개의 서브넷 대역일 경우 /27일 수 있다고 생각했다면 정확한 추론이다.

표 10-3에서 제시한 A 등급과 B 등급의 기본 서브넷 마스크를 프리픽스 표기법으로 바꾸면 각각 /8과 /16이다. 다시 말해 255.0.0.0과 같은 서브넷 마스크 표기를 프

리픽스 표기법으로 바꾸면 /8이다. 255란 2진수로 1111 1111이고 /8은 결국 1로 표기한 비트의 개수를 의미한다. 마찬가지로 255.255.0.0과 같은 서브넷 마스크 표기를 프리픽스 표기법으로 바꾸면 /16이다. 10진수 255.255.0.0을 2진수로 바꾸면 1111 1111.1111 1111.0000 0000.0000 0000이고 1로 표기한 비트의 개수가 총 16개이기 때문이다. 이처럼 **1로 표기한 비트의 개수를 이용해 서브넷 상태를 제공하는 표기를 프리픽스**prefix **표기법**이라고 한다.

표 14-3에서 /25란 2진수로 1111 1111.1111 1111.1111 1111.1000 0000을 의미하기 때문에 10진수로 바꾸면 255.255.255.128과 같다.

서브넷·서브넷 마스크 표기법·프리픽스 표기법에 대한 내용을 이해했는가? 2진수와 10진수를 서로 자유롭게 바꿀 수 있을 만큼 충분히 연습한 뒤 표 14-2·표 14-3·표 14-4에서 제시한 프리픽스와 서브넷 마스크 내용을 반복하기 바란다. 참고로 **IPv6 주소에서는** 서브넷 마스크 표기법은 없고 **프리픽스 표기법만 사용**한다.

이제 표 14-3처럼 192.168.10.0/24 대역을 각각 192.168.10.0/25 서브넷 대역과 192.168.10.128/25 서브넷 대역으로 분할한 뒤 192.168.10.0/25 서브넷 대역을 클라이언트 집단에 할당하고, 192.168.10.128/25 서브넷 대역을 서버 집단에 할당한다. 이러한 설정을 통해 1개의 LAN 영역은 논리적으로 클라이언트 LAN 영역과 서버 LAN 영역으로 이뤄진다.

다음으로 스위치 장비에서 클라이언트 LAN 영역에 속하는 호스트를 1번 포트부터 20번 포트 사이에 연결하고, 서버 LAN 영역에 속하는 호스트를 21번 포트부터 40번 포트 사이에 연결한 뒤 1번 포트부터 20번 포트까지 **VLAN 10**이라고 설정하고, 21번 포트부터 40번 포트까지 **VLAN 20**이라고 설정하면 VLAN 구성을 완성할 수 있다.

VLAN 기법을 이용하면 표 14-2·표 14-3·표 14-4에서와 같이 호스트 ID 개수가 줄어든다. 다시 말해, ARP 영역의 개수는 늘어나지만 해당 ARP 영역의 규모는 줄어

든다. 규모가 준 만큼 당연히 ARP 요청과 응답의 빈도도 준다. **물리적으로는 같은 공간에 있지만 논리적으로는 각기 다른 LAN 영역**이기 때문이다. **LAN 통신**이란 **내부 통신**이기 때문에 각기 다른 LAN 영역 사이에 통신도 불가능하다. 이는 곧 외부 LAN 영역으로부터 침해를 구조적으로 차단한다는 의미다.

경우에 따라 스위치 장비는 해당 LAN 영역을 논리적으로 분할하기도 하지만 라우팅 엔진을 적재해 상이한 VLAN 사이를 라우팅으로 연결해주기도 한다. 이러한 라우팅을 **인터 VLAN 라우팅** 또는 **L3 스위칭**이라고 부른다.

음성 VLAN이란 **한 회선에 인터넷 전화기와 PC를 연결한 뒤 각 단말 장치 사이에 각기 다른 VLAN 영역을 할당하는 기법을 의미**한다. 이처럼 VLAN 영역을 달리 설정하면 비록 같은 회선에 물린 단말일지라도 상호 간에 통신이 불가능해진다. 이로써 보안 기능을 향상할 수 있다.

WAN 영역은 **상이한 2개의 LAN 영역 사이**에서 나타난다. 따라서 WAN 영역을 LAN 영역과 비교할 때 표 14–5와 같이 정리할 수 있다.

표 14–5

LAN 영역	WAN 영역
맥 주소에 기반해 내부 통신을 구현하는 구간	IP 주소에 기반해 내부 통신을 외부와 연결하는 구간
동일한 네트워크 ID를 공유하는 구간	상이한 네트워크 ID를 연결하는 구간
단일한 ARP 영역을 생성하는 구간	상이한 ARP 영역을 연결하는 구간

표 14–5에 기반해 WAN 영역에서 수행하는 일련의 기능을 라우팅이라고 부른다. **라우팅**이란 라우터 장비가 수행하는 기능으로 **목적지까지 도달하는 무수한 경로 중 최상의 경로를 선택하는 기능을 의미**한다. 스위치가 그림 12–6과 같은 **스위칭 테이블에 기반해 스위칭을 수행**하는 것처럼, 라우터는 그림 12–8과 같은 **라우팅 테이블에 기반해 라우팅을 수행**한다.

라우터가 동적인 방식에 따라 라우팅 테이블에 기반해 라우팅을 수행하기 위해서는 라우팅 알고리즘이 있어야 한다. **라우팅 알고리즘이란 거리 계산 알고리즘에 기반해 출발지에서 목적지까지 가장 빠르게 도달할 수 있는 경로를 계산하는 알고리즘**이다. 현재 라우터에서 사용하는 라우팅 알고리즘의 종류를 표 14-6에 정리했다.

표 14-6

구분	기반 알고리즘	경로 척도(메트릭)
RIP	벨만-포드 알고리즘	홉 카운트
BGP	벨만-포드 알고리즘	경로 속성
OSPF	다익스트라 알고리즘	대역폭 기반의 코스트
ISIS	다익스트라 알고리즘	대역폭 기반의 코스트
EIGRP	듀얼 알고리즘	대역폭/지연 기반의 코스트

RIP · BGP 방식은 **벨만-포드 알고리즘**Bellman-Ford algorithm에 기반해 구현한 라우팅 알고리즘이다. 그렇지만 RIP 방식과 BGP 방식은 출발지에서 목적지까지 최상의 경로를 구하는 기준이 다르다. RIP 방식은 출발지에서 목적지까지 경유하는 라우터의 개수를 계산해 최상의 경로를 선택하지만, BGP 방식은 경로 속성이라는 복합적인 메트릭을 이용해 계산한다(사실 BGP 방식은 표 14-6에서 나열한 라우팅 알고리즘의 고유 기능과는 차이가 있다).

OSPF · ISIS 방식은 모두 **다익스트라 알고리즘**Dijkstra algorithm으로 구현한 링크 상태 라우팅 알고리즘이다. OSPF · ISIS 방식은 RIP 방식과 달리 경로 척도가 출발지에서 목적지까지 주어진 대역폭(전송 속도)에 기반해 계산한 코스트cost를 이용한다. 다시 말해, 출발지에서 목적지까지 가장 빠른 전송 속도 구간을 최상의 경로로 간주한다. **OSPF 방식은 TCP/IP 방식에 적합하도록 설계한 라우팅 알고리즘**이라면, **ISIS 방식은 OSI 방식에 적합하도록 설계한 라우팅 알고리즘**이다. 물론 OSI 방식이 소멸하면서 ISIS 방식을

TCP/IP 방식에서 동작하도록 개선했기 때문에 현재 OSPF · ISIS 방식은 모두 TCP/IP 방식에서 동작한다.

EIGRP 방식은 RIP 방식과 OSPF 방식을 혼합한 라우팅 알고리즘이라고 알려져 있다. EIGRP 방식은 출발지에서 목적지까지 주어진 전송 속도뿐만 아니라 해당 구간에서 실시간으로 일어나는 지연까지 고려해 코스트를 계산한다. 그렇기 때문에 최상의 경로를 유지하는 방식이 OSPF 방식에 비해 무척 유연하다. 또한 **OSPF 방식은 최상의 경로만을 계산**하지만 **EIGRP 방식은 최상의 경로와 차선의 경로**(최상의 경로 다음으로 빠른 경로)를 **동시에 계산**해 복구 능력 시간을 빠르게 수행한다.

LAN 영역과 마찬가지로 WAN 영역 역시 TCP/IP 방식 중 데이터 링크 · 물리 계층과 관련이 깊다. 물리 계층에 기반해 WAN 영역을 구분하면 전용 회선 방식 · 회선 교환 방식 · 가상 회선 방식으로 구분할 수 있다. **전용 회선 방식**은 출발지와 목적지 사이에서 회선을 언제나 연결 상태로 유지하는 방식이고, **회선 교환 방식**은 출발지와 목적지 사이에서 통신이 일어날 때만 회선을 연결하는 방식이다. 라우터 장비에 외장형 다이얼 모뎀을 정착해 사용하는 경우가 회선 교환 방식에 해당한다(물론 지금은 이런 구성을 보기 어렵다). 전용 회선 방식과 회선 교환 방식에서는 일반적으로 PPP 방식 등을 이용한다. **가상 회선 방식**은 전용 회선 방식처럼 출발지와 목적지 사이에서 회선을 언제나 연결 상태로 유지하는 방식이다. 단지 출발지와 목적지 사이에 연결한 회선은 논리적 회선을 이용한다는 점에서 물리적 회선을 이용하는 전용 회선 방식과는 차이가 있다. 전용 회선 방식과 회선 교환 방식이 PPP 방식을 이용하는 반면, 가상 회선 방식은 X.25 또는 **프레임 릴레이** 방식 등을 이용한다.

표 14-7

물리 계층	데이터 링크 계층	비고
전용 회선 방식	HDLC 또는 PPP 등	
회선 교환 방식	HDLC 또는 PPP 등	외장형 다이얼 모뎀 이용
가상 회선 방식	X.25이나 프레임 릴레이 등	

이 중에서 PPP 방식의 프레임 헤더 구조는 그림 14-1의 이더넷 방식 프레임 헤더 구조와 비교할 때 그림 14 6과 같다. 이더넷 헤더와 달리 PPP 헤더에는 맥 주소가 없음을 알 수 있다.

주소	제어	프로토콜

그림 14-6

그림 14-6의 주소 항목에는 PPP 내부에서 사용하는 고유한 식별자 주소가 있는데, IP 주소나 맥 주소와는 상이한 개념이다. 참고하기 바란다.

파이썬과 백트랙이 돋보인
해커 드라마 〈블러디 먼데이〉

〈블러디 먼데이〉는 지난 2008년 동명의 만화를 원작으로 일본 모 방송국에서 방영했던 11부작 드라마다. 해킹에 탁월한 고등학생이 일본을 파괴하려는 국제 범죄 단체와 벌이는 치열한 사투 과정을 담은 작품이다. 대표적인 친한파 배우인 후지이 미나가 아사다 아오이 역할로 출연한 작품이기도 하다.

타카기 후지마루는 수업 시간에 교과서 대신 야한 사진이나 보는 문제 학생이다. 급우들조차 그런 그가 한심스럽게 보일 뿐이다. 그러나 그는 당국에 의해 요주의 인물로 낙인 찍힌 적이 있는 탁월한 해커기도 하다. 그런 그에게 그의 여동생을 볼모로 국제 범죄 단체가 마수를 뻗친다. 그의 사이버 해킹 실력을 빌려 일본 사회를 마비시키겠다는 음모였다. 이에 타카기 후지마루는 자신의 여동생과 아버지를 위해 다시 사이버 전선으로 뛰어든다.

〈블러디 먼데이〉에서 특히 인상적이었던 장면은 해킹 순간을 야생의 매로 표현한 1회 부분이다. 타카기 후지마루가 상대방 서버에서 기밀 자료를 복사한 뒤 접속을 끊고 나오는 데 주어진 시간은 불과 10초. 보안 장비가 30초마다 주기적으로 외부 접속 등을 감지하는 시간차를 이용해야 하는 상황이었다. 〈블러디 먼데이〉에서는 매의 아슬아슬한 비행 장면을 이용해 이 장면을 묘사했다. 공중에서 목표 건물로 하강해 비좁은 통로를 따라 은밀하게 비행하다 마지막 방화벽이 복도를 차단하려는 순간 가장 낮은 자세로 바닥에서 활강하듯 빠져 나오는 장면은 지금 다시 봐도 최고의 명장면이다. 작가의 상상력과 감독의 연출력에 점수를 주고 싶다. 2009년 모 방송국에서는 〈사이버 아마겟돈〉이란 시사물을 방영하면서 해당 장면을 차용한 적이 있다.

극중 전개상 주인공이 침투자 입장이기 때문에 거의 매회 등장하는 사이버 공격 장면도 개인적으로는 무척 흥미로운 부분이었다. 특히 백트랙 운영체제에서 파이썬 언어를 이용한 공격 장면은 마치 해커의 작업 내용을 원격 화면을 통해 안방에서 보는 기분이었다. 그만큼 제작할 때부터 현실성을 반영하기 위한 연출자의 배려가 돋보였다. 또한 무선 주파수를 이용한 블루투스 해킹 장면이나 감금 상태에서 전기선을 이용한 PLC 통신 기법 장면 등은 사이버 보안인들에게 많은 영감을 준다. 이처럼 〈블러디 먼데이〉는 첩보 영화에서 느낄 법한 긴장감과 박진감은 물론 다양한 사이버 해킹 기법 등을 볼거리로 제공해준다는 점에서 상당히 멋진 드라마임에는 틀림이 없다.

그러나 당국에서 사이버 해킹 능력이 탁월한 고등학생에게 국가 보안 문제를 의뢰한다는 내용 자체가 지나치게 만화적이다. 아무리 천재적인 해커라 해도 일국의 안위를 고등학생에게 맡긴다는 설정 자체는 독수리 오형제가 지구를 지키는 설정과 다를 바 없다. 만화를 원작으로 한 〈블러디 먼데이〉의 태생적 한계가 아닐까 싶다. 오히려 경찰청 사이버 수사대가 악성 코드를 유포한 범죄자를 추적해 일망타진하는 〈유령〉이란 드라마의 기본 구도가 더 설득력 있다.

중반 이후부터 태엽이 풀어지듯 이어지는 내용도 초반의 긴장감과 속도감 등을 반감시키는 약점처럼 보인다. 시청률과 광고 등을 의식한 듯하다. 인기만 얻으면 지지부진한 내용 전개로 시청자를 짜증스럽게 하는 것은 한국이나 일본 모두 한통속처럼 보인다.

〈블러디 먼데이〉의 주인공이 해킹하는 장면에서 자주 눈에 들어오는 사설 IP 주소 역시도 사실감을 떨어뜨리는 요인이다. 이는 마치 월남전에서 사용했을 법한 미국 전차가 제2차 세계 대전 당시 독일군 전차로 등장하는 전쟁 영화와 같다. 반면 〈유령〉에서는 처음부터 공격자의 IP 주소를 공인 IP 주소로 보여준다. 사소하긴 해도 이런 부분들이 〈블러디 먼데이〉와 〈유령〉 사이에서 작품의 질적 차이를 느끼게 하는 요인들이 아닐까 싶다.

끝으로 〈블러디 먼데이〉에서 주인공은 표적물을 대상으로 시종일관 기술적인 차원에서 수행하는 해킹 기법만 보여준다. 타카기 후지마루는 오직 노트북 PC의 키보드 작업만으로도 자신이 원하는 모든 공격 대상물을 뚫고 들어간다. 심지어 국가 기간 산업체에서 운영하는 스카다 시스템조차 몇 번의 손동작만으로도 능숙하게 뚫고 들어가는 신묘한 기술을 보여준다. 그러나 스카다 시스템처럼 전력이나 철도 등을 통제하는 전산망은 물리적으로 외부망과 내부망을 분리한 상태에서 운영하기 때문에 접근 자체가 불가능하다. 스카다 시스템과 같은 망에 접근하기 위해서는 사회공학을 이용해야 한다. 사회공학을 무시한 채 이뤄지는 해킹은 그저 영화적 상상이고 허구일 뿐이다. 이런 장면들의 남발이야말로 자칫 시청자들에게 사이버 해킹에 대한 환상만 잔뜩 심어줄 수 있다. 반면 〈유령〉에서는 실제 기술보다는 사회공학 기법 차원에서 내용을 전개한다. 범죄자가 운영하는 회사의 직원과 면담한 뒤 기념품으로 악성 코드가 담긴 USB 메모리를 전해주거나 신분을 속이고 전산실로 잠입해 자료를 복사하는 장면 등이 현실에서 해킹 실상을 더 구체적으로 묘사했다. 〈블러디 먼데이〉보다는 〈유령〉에 더 점수를 주고 싶은 이유다.

⑮

TCP/IP 네트워크 공격 유형

지금까지 다뤘던 TCP/IP 방식의 기능과 동작 등을 기반으로 TCP/IP 방식의 속성을 이용한 고전적인 공격 유형을 정리하겠다.

TCP/IP 방식을 대상으로 수행하는 공격 유형에는 **스캐닝**scanning **공격 · 스니핑**sniffing **공격 · 스푸핑**spoofing **공격 · 플러딩**flooding **공격** 등이 있다.

스캐닝 공격은 본격적인 공격에 앞서 수행하는 일종의 사전 정찰과도 같은 개념이다. **포트 스캔이 대표적인 스캐닝 공격에 속한다.** 예제 8-2에서 설명한 바와 같이, **포트 스캔**Port Scan**이란 원격지 호스트를 대상으로 어떤 포트 번호를 사용 중인지를 확인하는 기법**이다. **포트 스캔은 그림 9-4에서 볼 수 있는 TCP 헤더의 플래그 항목을 이용해 수행**한다.

엔맵Nmap은 포트 스캐너의 대명사로 오늘날 가장 많이 사용하는 도구이기도 하다. 엔맵은 와이어샤크와 마찬가지로 **데비안 · 우분투** 운영체제에서 관리자 권한을 이용해 `apt-get install nmap` 명령어를 통해 쉽게 설치할 수 있다.

엔맵을 이용한 대표적인 포트 스캔에는 **TCP Full Open 스캔** 기법 · **TCP Half Open 스캔** 기법 · **TCP FIN 스캔** 기법 · **TCP X-mas 스캔** 기법 등이 있다. 해당 기법의 내용을 루트 계정을 이용해 **데비안** 운영체제의 터미널 창에서 확인해보겠다(이론 설명인 만큼 실습할 필요는 없다).

TCP Full Open 스캔 기법은 nmap 127.0.0.1 -p 22 -sT 명령어와 같이 설정한다. 127.0.0.1번 IP 주소, 다시 말해 **자기 자신을 대상으로 SSH 서비스 동작 여부를 TCP 3단계 연결 완성을 통해 확인하겠다는 의미다.** 공격자가 TCP Full Open 스캔을 수행하면 전송 계층에서 그림 9-1과 같은 **SYN** 플래그를 생성해 공격 대상자에게 전송한다. 물론 TCP 헤더의 목적지 포트 번호는 22번이다.

공격 대상자 측에서 SSH 서비스를 사용 중이라면 ACK · SYN(또는 SYN · ACK) 플래그로 응답이 온다. 그럼 공격자는 ACK 플래그로 응답한 뒤 곧이어 RST 플래그를 전송한다. 공격 대상자가 회신한 ACK · SYN 플래그를 통해 해당 서비스가 동작 중임을 확인할 수 있다. 만약 공격 대상자 측에서 SSH 서비스를 미사용 중이라면 ACK · RST(또는 RST · ACK) 플래그로 응답이 온다. **RST 플래그란 상대방과 연결을 즉시 종료하겠다는 의미다.**

표 15-1

구분	해당 포트 사용 중	해당 포트 미사용 중
송신자	SYN 플래그 전송	SYN 플래그 전송
수신자	ACK · SYN 플래그 전송	ACK · RST 플래그 전송
송신자	ACK 플래그 전송	
송신자	RST 플래그 전송	

표 15-1과 같은 TCP Full Open 스캔 기법의 장점은 TCP 3단계 연결을 완성하기 때문에 포트 스캔 결과가 정확하다는 점이다. 반면, 같은 이유로 TCP 3단계 연결을 완성

하기 때문에 공격 대상자 측에 포트 스캔 기록을 남길 수 있다. 이러한 문제를 해결하기 위해 등장한 기법이 바로 **TCP Half Open 스캔 기법**이다. TCP Half Open 스캔 기법은 **엔맵의 기본 스캔 방식**이기도 하다.

TCP Half Open 스캔 기법은 nmap 127.0.0.1 -p 22 -sS 명령어와 같이 설정한다. **SSH 서비스 동작 여부를 TCP 3단계 연결 미완성을 통해 확인하겠다는 의미**다. 공격자가 TCP Half Open 스캔을 수행하면 전송 계층에서 SYN 플래그를 생성해 공격 대상자에게 전송한다.

공격 대상자 측에서 SSH 서비스를 사용 중이라면 ACK · SYN 플래그로 응답이 온다. 그럼 공격자는 ACK 플래그 대신 곧바로 RST 플래그로 응답한다. 이와 같이 **TCP Full Open 스캔** 기법에서는 ACK 플래그로 응답해 3단계 연결을 완성하지만, **TCP Half Open 스캔** 기법에서는 즉시 RST 플래그로 응답해 3단계 연결을 완성하지 않는다. 이것이야말로 TCP Half Open 스캔 기법과 TCP Full Open 스캔 기법의 차이점이다.

표 15-2

구분	해당 포트 사용 중	해당 포트 미사용 중
송신자	SYN 플래그 전송	SYN 플래그 전송
수신자	ACK · SYN 플래그 전송	ACK · RST 플래그 전송
송신자	RST 플래그 전송	

공격 대상자 측에서 SSH 서비스를 미사용 중이라면, TCP Full Open 스캔 기법과 마찬가지로 ACK · RST 플래그로 응답이 온다.

TCP Half Open 스캔처럼 공격 대상자에게 포트 스캔 흔적을 남기지 않게 수행하는 포트 스캔 기법을 흔히 **스텔스 포트 스캔**stealth port scan이라고 한다. 스텔스 포트 스캔 기법에는 TCP Half Open 스캔 기법 외에도 **TCP FIN 스캔** 기법과 **TCP X-mas 스캔** 등이 있다. 이러한 기법은 **공격 대상자 측에서 사용하는 방화벽을 우회할 목적으로 개발한 기법**이다.

방화벽에서 포트 스캔을 차단하는 원리는 간단하다. 방화벽 입장에서 보면 공격자는 외부인이고 공격 대상자는 내부인이다. TCP 3단계 연결은 외부인이 SYN 플래그를 내부인에게 전송하는 것에서부터 시작한다. 방화벽에서는 이처럼 외부에서 내부로 들어오는 SYN 플래그를 차단하기만 한다면 TCP 3단계 연결을 수행할 수 없기 때문에 외부인은 결국 포트 스캔을 수행할 수 없다. 이런 상황에서 **공격자는 정상적인 TCP 3단계 연결 순서를 어긋나게 설정해 방화벽을 우회**할 수 있다.

TCP FIN 스캔 기법은 nmap 127.0.0.1 -p 22 -sF 명령어와 같이 설정하면 FIN 플래그를 생성해 전송한다. 방화벽에서는 외부로부터 들어오는 SYN 플래그는 차단하지만 FIN 플래그는 허용해준다. 따라서 공격 대상자는 공격자가 전송한 FIN 플래그를 수신한다. 공격 대상자는 공격자와 TCP 3단계 연결을 설정한 적이 없는 상태에서 FIN 플래그를 수신했기 때문에 어떤 응답도 회신할 수 없다. **공격 대상자로부터 어떤 응답도 없다면 공격자는 해당 포트를 사용 중이라고 판단**한다. 만약 공격 대상자 측에서 SSH 서비스를 미사용 중이라면 **TCP Full Open 스캔** 기법이나 **TCP Half Open 스캔** 기법처럼 ACK · RST 플래그로 응답을 받는다. 다시 말해, **TCP FIN 스캔** 기법은 표 15-3과 같이 동작한다.

표 15-3

구분	해당 포트 사용 중	해당 포트 미사용 중
송신자	FIN 플래그 전송	FIN 플래그 전송
수신자	무응답	ACK · RST 플래그 전송

TCP X-mas 스캔 기법은 **TCP FIN 스캔 기법을 응용한 기법**이다. TCP X-mas 스캔 기법은 nmap 127.0.0.1 -p 22 -sX 명령어와 같이 설정한다. 공격자가 TCP X-mas 스

캔을 수행하면 전송 계층에서 URG · PSH · FIN 플래그를 생성해 공격 대상자에게 전송한다(원래는 모든 플래그를 동시에 이용하지만 엔맵에서는 URG · PSH · FIN 플래그만을 이용한다). 방화벽에서는 외부로부터 들어오는 SYN 플래그만을 차단하기 때문에 URG · PSH · FIN 플래그는 방화벽을 통과해 공격 대상자에게 전해진다. 공격 대상자는 TCP 3단계 연결과 무관한 URG · PSH · FIN 플래그를 수신했기 때문에 TCP FIN 스캔 기법과 마찬가지로 어떤 응답으로도 회신할 수가 없다. **공격 대상자로부터 어떤 응답도 없다면 공격자는 해당 포트를 사용 중이라고 판단**한다. 만약 공격 대상자 측에서 SSH 서비스를 미사용 중이라면 ACK · RST 플래그로 응답을 받는다. 일련의 **TCP FIN 스캔** 기법은 표 15-4와 같다.

표 15-4

구분	해당 포트 사용 중	해당 포트 미사용 중
송신자	URG · PSH · FIN 플래그 전송	URG · PSH · FIN 플래그 전송
수신자	무응답	ACK · RST 플래그 전송

예제 15-1은 지금까지 소개한 포트 스캔 기법을 데비안 운영체제에서 적용한 결과다 (실제로 확인할 필요는 없다).

```
root@debian:~# nmap 127.0.0.1 -p 22 -sT

Starting Nmap 6.00 ( http://nmap.org ) at 2017-04-23 10:12 KST
Nmap scan report for localhost (127.0.0.1)
Host is up (0.00048s latency).
PORT   STATE SERVICE
22/tcp open  ssh
Nmap done: 1 IP address (1 host up) scanned in 0.05 seconds

root@debian:~# nmap 127.0.0.1 -p 22 -sS
```

```
Starting Nmap 6.00 ( http://nmap.org ) at 2017-04-23 10:12 KST
Nmap scan report for localhost (127.0.0.1)
Host is up (0.000059s latency).
PORT   STATE SERVICE
22/tcp open  ssh
Nmap done: 1 IP address (1 host up) scanned in 0.05 seconds


root@debian:~# nmap 127.0.0.1 -p 22 -sF


Starting Nmap 6.00 ( http://nmap.org ) at 2017-04-23 10:12 KST
Nmap scan report for localhost (127.0.0.1)
Host is up.
PORT   STATE        SERVICE
22/tcp open|filtered ssh
Nmap done: 1 IP address (1 host up) scanned in 2.10 seconds


root@debian:~# nmap 127.0.0.1 -p 22 -sX


Starting Nmap 6.00 ( http://nmap.org ) at 2017-04-23 10:12 KST
Nmap scan report for localhost (127.0.0.1)
Host is up.
PORT   STATE        SERVICE
22/tcp open|filtered ssh
Nmap done: 1 IP address (1 host up) scanned in 2.09 seconds
```

예제 15-1

예제 15-1에서와 같이 **TCP FIN 스캔** 기법이나 **TCP X-mas 스캔** 기법 등에서는 filtered라는 내용이 뜬다. **TCP Full Open 스캔** 기법보다 정확도가 떨어지기 때문이다.

한편 **TCP Null 스캔 기법**은 TCP X-mas 스캔 기법과 정반대의 개념이다. TCP X-mas 스캔이 모든 플래그를 동시에 설정해 방화벽을 우회하는 기법이라면, TCP Null 스캔은 어떤 플래그도 설정하지 않고 방화벽을 우회하는 기법이다. 엔맵에서는 nmap

127.0.0.1 -p 22 -sN 명령어와 같이 설정한다. 해당 포트가 열린 경우와 닫힌 경우라면 각각 표 15-3이나 표 15-4와 같은 결과를 얻는다.

스니핑 공격을 패킷 분석이라고도 한다. 와이어샤크 등을 이용해 패킷 내용을 확인하는 기법을 의미한다. **스니핑이 가능한 이유는 근본적으로 TCP/IP 방식에는 암호화 기능이 없기 때문이다.** 다시 말해, **TCP/IP 방식에 따라 생성한 데이터는 암호 설정이 없는 평문이**기 때문에 송신자와 수신자가 아닌 제3자가 와이어샤크 등을 이용하면 그림 8-1처럼 DNS 페이로드 내용을 볼 수 있다. 이와 같이 페이로드나 헤더 등이 드러나면 공격자는 패킷을 통해 그림 15-1처럼 사용자의 중요한 정보를 획득할 수 있다.

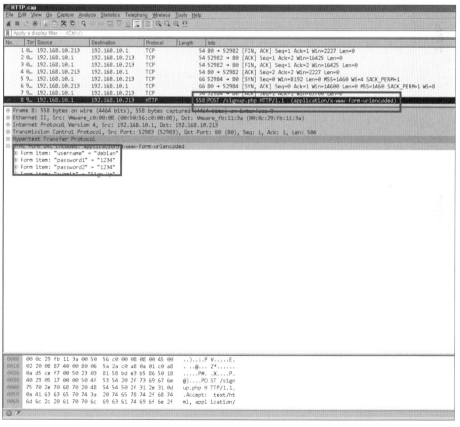

그림 15-1

그림 15-1에서와 같이 와이어샤크를 이용하면 HTTP 페이로드에서 **debian**이라는 계정과 **1234**라는 **비밀번호**를 획득할 수 있다. 이러한 공격에 대응하기 위해 VPN^{Virtual} ^{Private Network} 기법이 등장했다(18장에서 자세히 설명하겠다).

스푸핑 공격이란 **출발지 주소 등을 은폐하거나 변경하는 기법**을 의미한다. 그렇지만 엄밀히 말해 스푸핑 공격은 출발지 주소 조작만을 의미하는 것이 아니라 주소 체계 전반을 대상으로 수행하는 공격으로 해석해야 한다. 대표적인 스푸핑 공격은 표 15-5와 같다.

표 15-5

구분	관련 계층	공격 내용
ARP 스푸핑	데이터 링크	목적지 맥 주소 조작
IP 스푸핑	네트워크	출발지 IP 주소 조작
DNS 스푸핑	응용	목적지 IP 주소 조작

표 15-5에서 **ARP 스푸핑 공격**과 **DNS 스푸핑 공격**을 각각 **ARP 캐시 중독 공격**과 **DNS 캐시 중독 공격**이라고도 부른다. ARP 캐시 테이블과 DNS 캐시 테이블에서 사용하는 주소 체계를 조작한다는 의미다.

플러딩 공격이란 **출발지 IP 주소를 수시로 변경하면서 상대방에게 불필요한 데이터를 계속 전송해 인위적으로 부하를 유발하는 기법**을 의미한다. 출발지 IP 주소를 수시로 변경하기 때문에 플러딩 공격은 일반적으로 IP 스푸핑 기법과 결합해 수행한다. 흔히 DDoS^{Distributed} ^{Denial of Service}**공격**이라고 부른다. 네트워크 공격 중 가장 파괴적이고 위력적인 공격에 해당한다(16장의 표 16-6과 표 16-7에서 자세히 정리했다).

16

TCP/IP 방식의 계층별 취약점에 기반한 공격 유형

TCP/IP 방식의 계층별 기능은 상위 계층에서 하위 계층 순서로 설명했지만 TCP/IP 방식의 계층별 취약점은 하위 계층에서 상위 계층 순서로 설명하겠다. 하위 계층의 보안은 상위 계층의 보안까지 담보할 수 있다는 취지 때문이다. 이는 기초 공사를 잘 해야만 고층 건물을 세울 수 있는 이치와 같다. 표 7-1에서 제시한 내용을 염두에 두면서 각 계층별 취약점을 확인해보자.

16-1 물리 계층

물리 계층의 전송 단위는 **비트**다. 비트 단위를 처리하는 대표적인 장치로는 **회선**이나 **허브** 등이 있다.

비트란 단순한 전기 신호를 의미한다. 전기 신호를 이용한 공격을 **회선 태핑**tapping **공격**이라고 한다. 회선 태핑이란 **전기 신호를 직접 자신에게 끌어오는 방식**이다. 전화가 귀하던 시절 '전화 쁘라찌(영어 단어 'bridge'의 일본식 발음)'라는 방법을 이용하는 경우가 있었다. 한 대의 전화기를 설치한 뒤 전화선에서 또 다른 전화선을 연결해 사용하는 방식이다. 오늘날의 휴대 전화 복제인 셈이다. 광 섬유는 이런 회선 태핑을 통한 방법이 불가능한 전송 매체다. **광 섬유는 어떤 유형의 신호도 외부로 방출할 수 없게 설계**했다. 즉 도청이나 감청 등이 불가능하다는 의미다. 그렇지만 **광 섬유의 중간 지점에서 광 섬유만을 구부려 약간의 광 신호를 검출하면 전송 중인 통신 데이터를 수신할 수 있다는 취약점**이 있다.

광 섬유의 일례와 같이 태핑이 아닌 **전송 매체에 흐르는 전기 신호를 검출해 데이터를 해석하는 일련의 기법**을 **템페스트**tempest **공격**이라고 한다. 유선보다는 무선 분야에서 광범위하게 일어난다. 건물 주변이나 외부 공원 등을 배회하면서 특정 무선 AP 신호를 탐지하는 **워 드라이빙**war driving **공격**도 **템페스트 공격의 일종**이다. **무선 키보드에서 발생하는 신호를 이용해 AES 암호 알고리즘을 복호화**하는 템페스트 공격도 등장했다. 심지어는 **PC 스피커의 전기 신호를 이용한 공격**도 있다.

한편, 북한에서 자행하는 **GPS 전파 교란 공격도 물리 계층에 해당하는 일종의 DDoS 공격**이다.

과거 TCP/IP 보안은 응용 계층에 치중하는 감이 있었다. 그동안 공격자들은 상대적으로 관심이 소홀했던 물리 계층의 특징을 분석해 다양한 취약점을 발견했다.

물리 계층은 **기계적 · 전기적 · 기능적 · 절차적 기능** 등을 수행하기 때문에 전기 또는 전자 분야 등과 상당히 밀접한 관계가 있다. 그런 만큼 물리 계층에 대한 보안을 구현하기 위해서는 다양한 공학적인 방법을 동원해야 하며 회선과 장비 등을 설치한 물리 공간에 대한 보안도 중요한 고려 대상이어야 한다. 지난 2018년 11월에 발생한 **KT 아현 지사 화재 사고**는 물리적 보안의 중요성을 재인식시키는 대표적인 사례라고 할 수 있다.

16-2 데이터 링크 계층

데이터 링크 계층의 전송 단위는 **프레임**이다. 프레임 헤더의 구조는 그림 14-1의 **이더넷 방식 프레임 헤더 구조** 및 그림 14-8의 **PPP 방식 프레임 헤더 구조**와 같다. 프레임 단위를 처리하는 대표적인 장치로는 LAN 카드 · 스위치 · 무선 AP 등이 있다.

데이터 링크 계층에서 나타나는 대표적인 공격으로는 **맥 플러딩**^{MAC flooding} **공격**, **ARP 스푸핑**^{spoofing} **공격**, **VLAN 홉핑**^{hopping} **공격** 등이 있다.

플러딩으로만 동작하는 허브와 달리, 스위치는 포워딩 · 블로킹으로 동작한다고 이미 여러 차례 설명했다. 그런데 허브와 스위치를 연동하면, 그림 14-5와 같이 **불필요한 맥 주소가 스위칭 테이블을 채우고 스위치는 포워딩 · 블로킹이 아닌 플러딩으로 동작**한다. **맥 플러딩 공격은 이러한 상황을 인위적으로 발생시켜 스위치가 허브처럼 동작하게끔 하는 기법**이다. 다시 말해, **공격자는 자신의 LAN 카드를 무작위 모드로 변환한 뒤** 가짜 맥 주소를 무수히 발생시켜 해당 스위치 테이블을 그림 14-5처럼 가짜 맥 주소로 채워넣는다. 스위치 테이블의 용량을 초과하면 포워딩 · 블로킹이 아닌 플러딩으로 동작하기 시작한다. 이러한 맥 플러딩 공격을 **스위치 재밍**^{switch jamming} **공격**이라고도 한다.

칼리 운영체제에서는 예제 16-1과 같이 터미널 창에서 단순히 macof 명령어를 입력하면 맥 플러딩 공격을 바로 수행할 수 있다(따로 실습할 필요는 없다).

```
root@kali:~# macof

bc:d9:6d:65:36:c3 90:f7:6e:7c:30:2 0.0.0.0.20877 > 0.0.0.0.1088: S
2121862541:2121862541(0) win 512

이하 내용 생략
```

예제 16-1

예제 16-1과 같이 macof 명령어를 입력하는 순간 엄청난 속도로 가짜 맥 주소를 발생시키고 있음을 볼 수 있다.

맥 플러딩 공격은 **스위치 포트마다 사용자의 맥 주소를 정적으로 설정함으로써 방어**할 수 있다. 다시 말해, 그림 16-1처럼 스위치 테이블마다 해당 포트에 물린 호스트의 맥 주소를 수동으로 설정하면 해당 포트로부터 가짜 맥 주소가 들어오는 순간 해당 포트를 블로킹 상태로 변환한다.

포트 번호	맥 주소	상태
1	00-00-00-00-00-0a	고정
2	00-00-00-00-00-0b	고정
3	00-00-00-00-00-0c	고정
4	00-00-00-00-00-0d	고정

그림 16-1

그림 16-1과 같은 상황에서 1번 포트에 물린 호스트에서 00-00-00-00-00-0a 맥 주소가 아닌, 00-00-00-00-00-01인 맥 주소가 발생하면 스위치 운영체제는 해당 포트를 블로킹 상태로 변환해 더 이상 1번 포트를 사용할 수 없게 한다. 물론 일정한 시간이 지나면 블로킹 상태를 해제한다.

ARP 스푸핑 공격은 4장에서 언급한 바와 같이, **ARP 캐시 테이블에 저장한 대응 관계를 조작해 수행**한다. 표 16-1과 같은 환경이 있다고 하자.

표 16-1

구분	IP 주소	맥 주소	운영체제
라우터	192.168.10.2	00:50:56:fb:40:0c	
공격 대상자	192.168.10.213	00:0c:29:e2:53:be	데비안 리눅스

구분	IP 주소	맥 주소	운영체제
공격자	192.168.10.220	00:0c:29:0a:17:e3	칼리 리눅스

표 16-1에 기반하면 ARP 스푸핑 공격 전, 공격 대상자의 ARP 캐시 테이블 상태는 표 16-2와 같다.

표 16-2

라우터 IP 주소	라우터 맥 주소
192.168.10.2	00:50:56:fb:40:0c

공격자인 칼리 운영체제에서 예제 16-2와 같이 입력하면 ARP 스푸핑 공격을 수행할 수 있다(따로 실습할 필요는 없다).

```
root@kali:~# echo 1 > /proc/sys/net/ipv4/ip_forward

root@kali:~# arpspoof -t 192.168.10.213 -r 192.168.10.2
```

예제 16-2

예제 16-2에서 echo 1 > /proc/sys/net/ipv4/ip_forward 명령어는 **공격 대상자가 전송한 패킷을 공격자가 받아 라우터로 중계하겠다는 의미다.**

또한 arpspoof -t 192.168.10.213 -r 192.168.10.2 명령어는 192.168.10.213번 **공격 대상자의 ARP 캐시 테이블에 192.168.10.2번 라우터의 맥 주소 대신 공격자 자신의 맥 주소로 바꾸겠다는 의미다.**

예제 16-2처럼 **ARP 스푸핑 공격 후 공격 대상자의 ARP 캐시 테이블 상태**는 표 16-3과 같다.

표 16-3

라우터 IP 주소	라우터 맥 주소
192.168.10.2	00:0c:29:0a:17:e3

공격 대상자의 실제 ARP 캐시 테이블 상태는 예제 16-3과 같다.

```
root@debian:~# arp
Address          HWtype  HWaddress          Flags Mask    Iface
192.168.10.220   ether   00:0c:29:35:0f:5b  C              eth0
192.168.10.2     ether   00:0c:29:0a:17:e3  C              eth0
python-PC.local  ether   00:50:56:c0:00:08  C              eth0
```

예제 16-3

예제 16-3에서와 같이 라우터 맥 주소가 아닌 공격자의 맥 주소가 올라갔기 때문에 이제 공격 대상자가 라우터로 보내는 모든 데이터는 라우터가 아닌 공격자에게 흘러 간다.

```
root@kali:~# arp
Address          HWtype  HWaddress          Flags Mask    Iface
192.168.10.1     ether   00:50:56:c0:00:08  C              eth0
192.168.10.213   ether   00:0c:29:e5:69:0c  C              eth0
gateway          ether   00:50:56:fb:40:0c  C              eth0
```

예제 16-4

공격자의 ARP 캐시 테이블 상태에는 예제 16-4와 같이 정상적으로 라우터의 맥 주소 가 있기 때문에 공격 대상자가 보낸 데이터를 받아 다시 라우터로 보낸다. 다시 말해, **공격자는 공격 대상자와 라우터 사이의 통신을 중계**해준다. 이럴 경우, 공격자는 스위치 환경에 있더라도 마치 허브 환경에 있을 때와 동일한 효과를 획득할 수 있다.

맥 플러딩 공격을 방어하기 위해 스위치 포트와 맥 주소를 정적으로 설정하는 것과 유사하게 ARP 스푸핑 공격도 윈도우 운영체제에서 예제 16-5처럼 IP 주소와 맥 주소를 정적으로 설정해 방어할 수 있다.

```
C:\Users\Administrator>arp -s 192.168.10.2 00:50:56:fb:40:0
```

예제 16-5

ARP 스푸핑 공격은 응용 계층에서 수행하는 DNS 스푸핑 공격 · SSL 스푸핑 공격 · 쿠키 스푸핑이나 각종 스니핑 공격을 수행하기 위한 기반 공격이다. 다시 말해, 응용 계층에서 수행하는 스니핑 공격 또는 스푸핑 공격은 ARP 스푸핑 공격이 가능한 상황에서 수행할 수 있다는 의미다. 그런 만큼 ARP 스푸핑 공격은 LAN 보안에서 가장 큰 비중을 차지한다고 할 수 있다.

VLAN 홉핑 공격이란 자신과 다른 VLAN 영역으로 넘어가는 기법이다. 14장에서 VLAN 기법을 설명하면서 물리적인 LAN 영역과 마찬가지로 논리적인 LAN 영역도 내부 통신인 만큼 각기 다른 VLAN 영역 사이에서 통신은 불가능하다고 했다. 이렇게 동작하는 원리는 그림 16-2와 같이 이더넷 프레임 헤더에 VLAN 정보를 담은 태그가 붙기 때문이다.

목적지 주소	출발지 주소	VLAN 식별자 정보	타입

그림 16-2

그림 14-1과의 차이점은 타입 항목 뒤에 VLAN 정보를 담은 태그가 붙었다는 것이다. 공격자는 VLAN 10 영역에 있고 공격 대상자는 VLAN 20 영역에 있다고 할 때 VLAN 홉핑 공격 시 이더넷 프레임 헤더의 구조는 그림 16-3과 같다.

목적지 주소	출발지 주소	VLAN 20	VLAN 10	타입

그림 16-3

VLAN 홉핑 공격의 핵심은 그림 16-3과 같이 **이중 태그를 이용**해 스위치 운영체제를 속이는 데 있다. VLAN 홉핑 공격을 이해하려면 스위치 장비가 사용하는 VLAN 기법과 관련한 다양한 속성을 알아야 하기 때문에 이 정도로만 소개하겠다. 시스코 카탈리스트 스위치에서는 DTP^{Dynamic Trunking Protocol} **기능을 중지하면 VLAN 홉핑 공격을 차단**할 수 있다.

DHCP 고갈^{starvation} **공격도 데이터 링크 계층에서 수행하는 공격**이다. DHCP 환경에서 공격자가 예제 16-2처럼 가짜 맥 주소를 브로드캐스트 방식으로 무수히 생성하면, LAN 영역에 위치한 DHCP 서버는 맥 주소에 대응하는 IP 주소를 계속 공격자에게 할당한다. 이후 DHCP 서버가 확보한 IP 주소를 모두 소진하면 더 이상 정상적인 IP 주소 할당이 불가능해진다. **DHCP 서버를 대상으로 수행하는 일종의 플러딩 공격에 해당**한다.

또한 DHCP 서버의 IP 주소 고갈 상태를 악용해 공격자는 이후 DHCP 서버로 위장해 DHCP 사용자들에게 조작한 게이트웨이나 DNS 서버의 IP 주소 등을 할당할 수 있다. 일례로 정상적인 게이트웨이 IP 주소가 아닌 공격자의 IP 주소를 게이트웨이 IP 주소로 변경해 할당하면 DHCP 사용자들의 모든 데이터는 공격자에게 흐를 수밖에 없다. 이것을 **DHCP 스푸핑 공격**이라고 한다.

스위치 포트와 맥 주소를 정적으로 설정하면 맥 플러딩 공격뿐 아니라 DHCP 고갈 공격도 차단할 수 있다.

16-3 네트워크 계층

네트워크 계층의 전송 단위는 **패킷**이다. 패킷 헤더의 구조는 그림 10-1과 같다. 패킷 단위를 처리하는 대표적인 장치로는 **라우터** 등이 있다.

네트워크 계층에서 나타나는 공격은 표 15-5에서 언급한 IP 스푸핑 공격에 기반한 **랜드** LAND **공격 · ICMP 플러딩**flooding **공격 · ICMP 스머핑**smurfing **공격** 등이 있다.

랜드 공격은 IP 스푸핑 공격을 변형한 기법으로, 출발지 IP 주소를 그림 16-4와 같이 목적지 IP 주소와 동일하게 설정한 뒤 ICMP 요청 패킷 등을 공격 대상자에게 전송한다. 공격 대상자는 ICMP 응답 패킷을 전송하기 위해 출발지 IP 주소를 참조하는데, 이 경우 목적지 IP 주소와 동일하기 때문에 ICMP 응답 패킷을 자기 자신에게 보낸다.

목적지 IP 주소 192.168.10.213	출발지 IP 주소 192.168.10.213

그림 16-4

랜드 공격은 그림 16-4와 같이 **출발지 IP 주소를 목적지 IP 주소와 동일하게 설정해 공격 대상자에게 인위적인 과부하를 유발하는 네트워크 계층의 플러딩 공격에 해당**한다. 랜드 공격을 전송 계층까지 확장해 사용할 경우에는 출발지 포트 번호 · IP 주소를 목적지 포트 번호 · IP 주소로 설정한다.

방화벽 등에서는 **출발지 IP 주소와 목적지 IP 주소가 동일한 패킷인 경우 해당 패킷을 차단해 방어**한다.

ICMP 플러딩 공격은 죽음의 핑 공격이라고도 부른다. 중국의 13억 인구가 동시에 청와대 웹사이트로 핑을 날린다고 생각하면 ICMP 플러딩 공격의 위력을 실감할 수 있을 듯하다. ICMP 플러딩 공격은 보통 ICMP 페이로드 크기를 65,000바이트 이상으로 설정하고 IP 스푸핑 공격을 적용해 출발지 IP 주소를 매 순간 임의로 변경해 전송한다. 수신 측에서는 매번 분할 패킷을 재조립한 뒤 ICMP 응답 패킷을 전송해야 하기 때문에 그만큼 과부하가 클 수밖에 없다.

데비안 · 우분투 운영체제에서는 관리자 계정을 이용해 표 16-4와 같이 ICMP 기능을 비활성화할 수 있다.

표 16-4

구분	명령어
비활성 변환	echo 1 〉 /proc/sys/net/ipv4/icmp_echo_ignore_all
활성 변환	echo 0 〉 /proc/sys/net/ipv4/icmp_echo_ignore_all

한편, 예제 16-6에서와 같이 칼리 운영체제를 이용해 랜드 공격과 결합한 ICMP 플러딩 공격을 수행할 수 있다(따로 실습할 필요는 없다).

```
root@kali:~# hping3 192.168.10.213 -a 192.168.10.213 --icmp --flood -d 65000

HPING 192.168.10.213 (eth0 192.168.10.213): icmp mode set, 28 headers + 65000
data bytes
hping in flood mode, no replies will be shown
```

예제 16-6

예제 16-6에서 28 headers + 6,5000 data bytes 부분은 그림 10-6 ICMP 구조와 같이 65,000바이트의 ICMP 페이로드를 생성한 뒤 **8바이트의 ICMP 헤더와 20바이트의 IP 헤더를 붙였다는 내용을 의미**한다. 또한 예제 16-6의 경우는 **hping3** 도구를 이용해 랜드 공격과 ICMP 플러딩 공격을 동시에 적용한 형태다.

ICMP 스머핑 공격은 ICMP 플러딩 공격의 변형 기법이다. 그림 16-5와 같이 **공격 대상자의 IP 주소를 출발지 IP 주소로 설정**하고, **목적지 IP 주소를 브로드캐스트 IP 주소로 설정**한다.

목적지 IP 주소 192.168.10.255	출발지 IP 주소 192.168.10.213

그림 16-5

그림 16-5와 같이 목적지 IP 주소가 192.168.10.255번이기 때문에 공격자가 전송한 ICMP 요청 패킷은 192.168.10.0/24 대역에 있는 모든 호스트에게 전해진다. ICMP 요청을 받은 호스트는 출발지 IP 주소를 참조해 ICMP 응답 패킷을 전송하면 공격 대상자는 어느 순간 192.168.10.0/24 대역에 있는 모든 호스트로부터 ICMP 응답 패킷을 받기 때문에 과부하가 일어난다. 물론 ICMP 스머핑 공격 시에도 ICMP 플러딩 공격처럼 ICMP 페이로드 크기를 65,000바이트 이상으로 설정해 보낸다.

만약 목적지 IP 주소를 10.255.255.255번 또는 172.16.255.255번으로 설정했다면, 공격 대상자에게 좀 더 강력한 과부하를 유발할 수 있다.

예제 16-7과 같이 칼리 운영체제를 이용해 ICMP 스머핑 공격을 수행할 수 있다(따로 실습할 필요는 없다).

```
root@kali:~# hping3 192.168.10.255 -a 192.168.10.213 --icmp --flood -d 65000

HPING 192.168.10.255 (eth0 192.168.10.255): icmp mode set, 28 headers + 65000
data bytes
hping in flood mode, no replies will be shown
```

예제 16-7

데비안 · 우분투 운영체제에서는 관리자 계정을 이용해 표 16-5와 같이 브로드캐스트 IP 주소를 비활성화할 수 있다. 대부분의 운영체제에서는 기본적으로 브로드캐스트 IP 주소가 비활성 상태다.

표 16-5

구분	명령어
비활성 변환	echo 1 〉/proc/sys/net/ipv4/icmp_echo_ignore_broadcasts
활성 변환	echo 0 〉/proc/sys/net/ipv4/icmp_echo_ignore_broadcasts

티얼드롭teardrop **공격**도 네트워크 계층에서 일어나는 대표적인 공격에 해당한다. 티얼드롭 공격은 10장에서 설명한 **패킷 분할 속성을 악용한 기법**이다. 여타 네트워크 계층의 공격처럼 **플러딩 공격의 일종**이다. 표 10-2와 같은 패킷 분할 시 공격자는 프래그먼트 오프셋의 정보를 그림 16-6과 같이 조작해 공격 대상자에게 전송한다.

ID 항목	플래그 항목(D 비트)	플래그 항목(M 비트)	프래그먼트 오프셋
1234	0	1	0
1234	0	1	1,500
1234	0	1	1,500
1234	0	0	4,500

그림 16-6

그림 16-6과 같은 경우 공격 대상자 운영체제에서는 두 번째 분할 패킷까지는 정상적으로 재조립을 수행한다. 문제는 세 번째 분할 패킷이다. 세 번째 분할 패킷의 프래그먼트 오프셋 정보는 두 번째 분할 패킷의 프래그먼트 오프셋 정보와 동일하기 때문에 세 번째 분할 패킷을 두 번째 분할 패킷에다 덮어 써버린다. 네 번째 분할 패킷이 도달하더라도 운영체제에서는 세 번째 분할 패킷의 프래그먼트 오프셋 정보인 3000을 계속 검색하기만 한다. 이 과정에서 과부하가 일어난다.

현재 대부분의 운영체제에서는 프래그먼트 오프셋 정보가 일정 시간 동안 불일치할 경우 분할 패킷 전체를 폐기함으로써 티얼드롭 공격을 원천적으로 차단한다.

16-4 전송 계층

전송 계층의 전송 단위는 **세그먼트/데이터그램**이다. 세그먼트 헤더의 구조는 그림 9-5와 같다.

전송 계층에서 나타나는 가장 대표적인 공격은 **TCP SYN 공격**으로 **TCP 3단계 연결 속성을 악용한 공격**이다. TCP SYN 공격은 **네트워크 계층에서 수행하는 ICMP 플러딩 공격과 유사**하다. 매 순간 공격 대상자에게 엄청난 SYN 플래그를 쏟아부으면 공격 대상자는 결국 과부하 상태에 빠질 수밖에 없다.

예제 16-8에서와 같이 칼리 운영체제를 이용해 TCP SYN 공격을 수행할 수 있다(따로 실습할 필요는 없다).

```
root@kali:~# hping3 192.168.10.213 -a 192.168.10.219 -p 80 -S --flood

HPING 192.168.10.213 (eth0 192.168.10.213): raw IP mode set, 20 headers + 0
data bytes
```

예제 16-8

예제 16-8의 내용은 **IP 스푸핑 공격을 적용**해 -a 192.168.10.219처럼 **가짜 출발지 IP 주소를 통해** 웹 서버(-p 80)를 대상으로 **SYN 신호를 플러딩**하겠다는 의미다.

과거에는 출발지 IP 주소를 공백 또는 사설 IP 주소를 이용했지만 지금은 악성 코드를 이용해 좀비 시스템으로 하여금 공격자가 설정한 목적지로 SYN 플래그를 전송하게끔 하기 때문에 출발지 IP 주소에 기반한 차단은 불가능하다. 따라서 일시에 들어오는 SYN 플래그가 정상적인 요청인지 악의적인 요청인지 정확하게 판단할 수 없다.

TCP SYN 공격을 받는 공격 대상자 측에서는 예제 16-9와 같은 내용을 볼 수 있다.

```
#netstat -na | grep SYN_RECV
tcp        0      0 127.0.0.1:80              225.232.230.13:1827       SYN_RECV
tcp        0      0 127.0.0.1:80              227.130.145.98:1869       SYN_RECV
tcp        0      0 127.0.0.1:80              226.137.106.57:2477       SYN_RECV
tcp        0      0 127.0.0.1:80              233.106.52.178:2240       SYN_RECV
tcp        0      0 127.0.0.1:80              239.64.175.58:1358        SYN_RECV
tcp        0      0 127.0.0.1:80              234.24.163.187:1179       SYN_RECV
tcp        0      0 127.0.0.1:80              224.14.159.171:1159       SYN_RECV
tcp        0      0 127.0.0.1:80              234.87.126.193:1410       SYN_RECV
tcp        0      0 127.0.0.1:80              239.71.191.246:1809       SYN_RECV
tcp        0      0 127.0.0.1:80              237.27.130.197:2450       SYN_RECV
tcp        0      0 127.0.0.1:80              229.29.37.4:2107          SYN_RECV
tcp        0      0 127.0.0.1:80              225.7.183.34:1678         SYN_RECV
tcp        0      0 127.0.0.1:80              226.124.205.132:1662      SYN_RECV
tcp        0      0 127.0.0.1:80              234.195.194.109:2283      SYN_RECV
tcp        0      0 127.0.0.1:80              237.133.91.112:1906       SYN_RECV
tcp        0      0 127.0.0.1:80              225.91.43.210:1688        SYN_RECV
tcp        0      0 127.0.0.1:80              224.224.101.33:1686       SYN_RECV
tcp        0      0 127.0.0.1:80              229.32.165.141:1918       SYN_RECV
tcp        0      0 127.0.0.1:80              226.113.213.109:2201      SYN_RECV
tcp        0      0 127.0.0.1:80              226.208.122.22:1997       SYN_RECV
tcp        0      0 127.0.0.1:80              225.127.57.158:2273       SYN_RECV
tcp        0      0 127.0.0.1:80              225.115.77.61:2455        SYN_RECV
tcp        0      0 127.0.0.1:80              225.179.78.144:1277       SYN_RECV
tcp        0      0 127.0.0.1:80              235.189.121.87:1231       SYN_RECV
tcp        0      0 127.0.0.1:80              234.27.6.209:2046         SYN_RECV
tcp        0      0 127.0.0.1:80              227.227.47.252:2278       SYN_RECV
tcp        0      0 127.0.0.1:80              231.227.255.226:2352      SYN_RECV
tcp        0      0 127.0.0.1:80              237.179.152.191:2397      SYN_RECV
tcp        0      0 127.0.0.1:80              225.229.193.235:1196      SYN_RECV
```

예제 16-9

현재 방화벽 등에서는 '초당 1,000개의 SYN 플래그만 수신하겠다'와 같은 **임계치 설정을 통해 TCP SYN 공격을 차단**하고 있는 실정이다. 이러한 임계치 설정은 SYN 플래그 속성에 기반하기보다는 단지 SYN 플래그 양에 기반하기 때문에 정상적인 SYN 플래그 조차도 차단할 수 있다는 문제점이 있다.

본크·보인크[Bonk·Boink] **공격**도 TCP SYN 공격과 마찬가지로 전송 계층에서 수행하는 플러딩 공격이다. 본크·보인크 공격은 티얼드롭 공격과 많은 부분 닮았다. 그렇지만 **티얼드롭 공격**이 네트워크 계층에서 수행하는 **패킷 분할 속성을 악용**한 공격임에 반해, **본크·보인크 공격**은 전송 계층에서 수행하는 **TCP 단편화 속성을 악용**한 공격이다.

본크·보인크 공격은 TCP 헤더 중 일련번호 항목을 조작해 수신 측에서 정상적인 재조립이 불가능하게 함으로써 과부하를 유발한다. 이는 그림 16-6에서 프래그먼트 오프셋의 정보를 조작하는 것과 같다. 단지 본크·보인크 공격은 프래그먼트 오프셋 항목이 아닌 일련번호 항목을 조작한다는 차이가 있다. 티얼드롭 공격처럼 수신받은 일련번호 정보가 불일치한다면 운영체제는 본크·보인크 공격으로 판단해 세그먼트 전체를 즉시 폐기한다. 다시 말해, **TCP 헤더의 일련번호 항목이나 IP 헤더의 프래그먼트 오프셋 항목이 일정 시간 동안 불일치할 경우 운영체제에서는 각각 본크·보인크 공격과 티얼드롭 공격으로 판단해 해당 세그먼트나 패킷을 폐기함으로써 해당 공격을 방어**한다.

네트워크 계층과 전송 계층에서 수행하는 플러딩 공격의 유형은 표 16-6과 같다.

표 16-6

구분	관련 계층	공격 내용
랜드 공격	네트워크	출발지·목적지 주소를 일치하게 설정
티얼드롭 공격	네트워크	IP 헤더의 프래그먼트 오프셋 항목 조작
ICMP 플러딩 공격	네트워크	대용량의 핑을 지속적으로 전송
ICMP 스머핑 공격	네트워크	브로드캐스트 IP 주소를 이용한 핑 패킷 전송
TCP SYN 공격	전송	대용량의 SYN 플래그를 지속적으로 전송
본크·보인크 공격	전송	TCP 헤더의 일련번호 항목 조작

표 16-6의 내용은 TCP/IP에서 중요하게 다루는 내용인 만큼 잘 기억해두기 바란다(정보 보안 기사 필기와 실기 시험에서 빈번하게 나온 내용들이기도 하다).

16-5 응용 계층

응용 계층에는 무수한 공격이 있지만 **웹 분야에서 일어나는 플러딩 공격에 국한해 설명**하겠다. **응용 계층에서는 사용자의 정보를 담는 페이로드를 생성**하는데(그림 13-7 참조), **HTTP 페이로드는 크게 HTTP 헤더**header**와 HTTP 바디**body**로 이뤄졌다. 바디 부분에는

HTML 코드나 사용자의 계정 정보 등이 있고, 헤더에는 서버의 바디 처리 방식 등에 대한 제어 정보가 있다. 다시 말해, **수신자의 서버는 헤더를 먼저 수신한 뒤 헤더에 설정한 정보에 따라 바디를 처리**한다.

헤더와 바디 사이는 그림 16-7에서와 같이 **캐리지 값 \r\n\r\n(0d0a0d0a)으로 구분**한다.

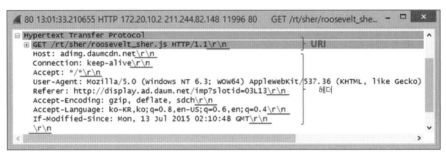

그림 16-7

그림 16-7의 가장 밑에 보이는 \r\n\r\n 부분이 **헤더와 바디의 경계를 표시하는 구분자**에 해당한다. 헤더는 HTTP 페이로드에 대한 일종의 제어 용도로 사용하는데, 문제는 **헤더의 기능을 조작**하면 **다양한 형태의 플러딩 공격이 가능**하다는 점이다.

웹 분야에서 가장 간단한 플러딩 공격은 **HTTP GET 플러딩 공격**이다. 특정 사이트에 접속한 상태에서 반복적으로 F5 키를 누르면 **웹 브라우저는 GET 지시자를 이용해 웹 서버에게 지속적으로 기본 페이지를 요청**한다(F5 리로드 공격이라고도 부른다). 다시 말해, 다수의 클라이언트 측(좀비 PC)에서 특정 서버를 대상으로 TCP 3단계 연결 설정과 홈 페이지에 대한 요청을 반복적으로 수행하면 결국 웹 서버 측에서는 부하가 일어날 수밖에 없다. 방화벽에서 **동시 접속 제한 설정** 외에는 적절한 방법이 없는 실정이다. 한국과 일본 국민 사이에서 종종 발생하는 사이버 전투는 대부분 **HTTP GET 플러딩 공격**이라고 할 수 있다.

HTTP GET 캐시 제어 플러딩flooding with cache control 공격 또는 CC 공격은 일반 헤더의 캐시 설정 부분을 조작해 캐싱 서버가 아닌 서버에게 직접 처리를 요청하게 함으로써 서버에 부하를 유발하는 기법이다.

```
Hypertext Transfer Protocol
⊞ GET / HTTP/1.1\r\n
  Accept: image/gif, image/x-xbitmap, image/jpeg, image/pjpeg, applicat
  Accept-Language: ko\r\n
  User-Agent: Mozilla/5.0 (Windows; U; Windows NT 5.1; ko; rv:1.9.2.8;
  Accept-Encoding: gzip, deflate\r\n
  Cache-Control: no-store, must-revalidate\r\n
  Proxy-Connection: Keep-Alive\r\n
  Host: www.daum.net\r\n
  \r\n
```

그림 16-8

그림 16-8은 일반 헤더 내용 중 캐시 제어 설정을 보여준다. no-store 부분은 **클라이언트로부터 요청받은 정보를 캐싱 서버에 저장하는 것을 금지하라는 의미**고, must-revalidate 부분은 **캐싱 서버와 웹 서버 사이에 대한 검증을 요청하라는 의미**다. no-store 부분과 must-revalidate 부분처럼 설정하면 웹 브라우저에서는 캐싱 서버가 아닌, 실제 웹 서버에게 접속을 요청하기 때문에 실제 웹 서버 측에서는 불가피하게 부하가 일어날 수밖에 없다. HTTP GET 플러딩 공격처럼 **임계치 설정을 통해 방어**한다.

슬로우Slow **HTTP 헤더 공격** 또는 **슬로우 로리스**Slow Loris **공격**은 그림 16-7과 같이 헤더와 바디의 구분자(\r\n\r\n)를 애매하게 설정하면 서버가 헤더 정보를 완전히 수신할 때까지 연결을 유지하는데, 이때 부하가 일어나게 하는 기법이다.

```
0000    08 00 27 d3 1c 42 00 08 ca 59 a7 2a 08 00 45 00    ..'..B...Y.*..E.
0010    01 1a f2 91 40 00 40 06 93 bd c0 a8 19 1d c0 a8    ....@.@.........
0020    19 21 8b ed 00 50 59 36 57 4c a3 51 61 33 80 18    .!...PY6 WL.Qa3..
0030    00 73 f8 2f 00 00 01 01 08 0a 01 5c a5 c5 00 83    .s./.......\....
0040    f9 f6 47 45 54 20 2f 20 48 54 54 50 2f 31 2e 31    ..GET / HTTP/1.1
0050    0d 0a 48 6f 73 74 3a 20 31 39 32 2e 31 36 38 2e    ..Host:  192.168.
0060    32 35 2e 33 33 0d 0a 55 73 65 72 2d 41 67 65 6e    25.33..U ser-Agen
0070    74 3a 20 4d 6f 7a 69 6c 6c 61 2f 34 2e 30 20 28    t: Mozil la/4.0 (
0080    63 6f 6d 70 61 74 69 62 6c 65 3b 20 4d 53 49 45    compatib le; MSIE
0090    20 37 2e 30 3b 20 57 69 6e 64 6f 77 73 20 4e 54     7.0; Wi ndows NT
00a0    20 35 2e 31 3b 20 54 72 69 64 65 6e 74 2f 34 2e     5.1; Tr ident/4.
00b0    30 3b 20 2e 4e 45 54 20 43 4c 52 20 31 2e 31 2e    0; .NET  CLR 1.1.
00c0    34 33 32 32 3b 20 2e 4e 45 54 20 43 4c 52 20 32    4322; .N ET CLR 2
00d0    2e 30 2e 35 30 33 6c 33 3b 20 2e 4e 45 54 20 43    .0.50313 ; .NET C
00e0    4c 52 20 33 2e 30 2e 34 35 30 36 2e 32 31 35 32    LR 3.0.4 506.2152
00f0    3b 20 2e 4e 45 54 20 43 4c 52 20 33 2e 35 2e 33    ; .NET C LR 3.5.3
0100    30 37 32 39 3b 20 4d 53 4f 66 66 69 63 65 20 31    0729; MS Office 1
0110    32 29 0d 0a 43 6f 6e 74 65 6e 74 2d 4c 65 6e 67    2)..Cont ent-Leng
0120    74 68 3a 20 34 32 0d 0a                            th: 42..
```

그림 16-9

그림 16-9의 하단 맨 마지막 내용을 보면 헤더와 바디의 구분자인 \r\n\r\n(0d0a0d 0a)가 \r\n(0d0a)로만 나오기 때문에 **웹 서버 측에서는 완전한 헤더 수신을 위해 자원을 계속 할당한 상태를 유지함**으로써 부하가 일어난다. **방화벽에서 연결 타임아웃 설정을 통해 방어**할 수 있다. 또한 **응용 계층 기반의 방화벽을 통해 조작 헤더 유입을 차단**할 수 있다.

슬로우 HTTP 포스트POST **공격** 또는 **러디**rudy **공격은 서버로 대량의 데이터를 전송할 때 장시간 동안 분할 전송하는 기법**이다. 일반 헤더의 **컨텐츠 길이**Content-Length 설정에는 전송할 데이터의 크기 정보가 있는데, 러디 공격을 수행하기 위해 100,000,000바이트라고 저장한 뒤 실제로는 1초에 1바이트씩 전송한다. 그러면 웹 서버 측에서는 해당 데이터를 완전히 수신하기 위해 슬로우 로리스 공격처럼 연결을 유지하는데, 이때 부하가 일어나게 하는 기법이다. 슬로우 로리스 공격과 마찬가지로 **러디 공격 역시 방화벽에서 연결 타임아웃 설정을 통해 방어**할 수 있다.

웹 분야에서 헤더를 조작한 플러딩 공격 유형은 표 16-7과 같이 정리할 수 있다.

표 16-7

구분	공격 내용
HTTP GET 플러딩 공격	반복적으로 GET 지시자 발생
슬로우 로리스 공격	헤더와 바디의 경계를 조작
러디 공격	헤더의 컨텐츠 길이 설정 조작

표 16-7은 웹 보안에서 아주 중요하게 다루는 내용인 만큼 잘 기억해두기 바란다. 아울러 슬로우 로리스 공격과 러디 공격의 실습 예제는 나의 졸저 『백박스 리눅스를 활용한 모의 침투』에서 다뤘다. 참고하기 바란다.

국내 최초의 사이버 범죄 드라마 〈유령〉

외국에서는 오래 전부터 사이버 해커가 주인공으로 등장하는 작품이 있었다. 1983년 **존 바담**John Badham의 〈**위험한 게임**WarGames〉이 나온 이래로 **워쇼스키**Wachowski 형제의 〈**매트릭스**The Matrix〉까지 모두 해커가 주인공인 영화다. 일본에서도 〈**블러디 먼데이**〉라는 드라마가 있었다. 고등학생인 주인공이 고도의 해킹 능력을 구사하며 악당들을 소탕한다는 내용이다. 국내에서도 많은 인기를 얻은 작품이기도 했다.

〈**유령**〉은 점증하는 사이버 위협 등을 많은 국민들에게 널리 알리기 위해 문화체육관광부와 경찰청 등의 지원을 받아 제작한 드라마다. 한마디로 드라마 형식을 빌린 홍보 영상물과 같은 작품이다. 이런 점에서 과거 국방부에서 제작한 〈**배달의 기수**〉와 같은 일종의 관제성 드라마라고 할 수 있겠다.

드라마의 핵심 줄거리는 컴퓨터 바이러스 백신 프로그램 제공업체가 백신을 가장한 악성 코드를 유포해 전국적인 차원에서 각종 사이버 범죄를 자행하고 이 과정에서 발생하는 무수한 사이버 피해 사례를 보여준다. 이러한 시나리오는 매우 현실적인 가정이다. 특히 남북이 대치한 상황에서는 더욱 그렇다. 신분을 세탁한 북한 공작원이 남한에 합법적인 바이러스 백신 업체를 설립해 무료로 이를 보급한 뒤 지도부의 지령을 받으면 백신 기능을 악성 코드로 전환해 남한 전역을 마비시킨다는 사이버 대남 전략은 충분히 가능하다. 북한은 이미 오래 전부터 게임 프로그램을 저렴한 가격으로 남한에 공급하면서 악성 코드를 유포하기 시작했다.

〈유령〉이 비록 관제성 드라마라고 할지라도 20회 모든 분량을 오직 해킹 내용만 다루는 것은 아니다. 드라마에서 요구하는 개성 강한 인물과 사건의 전개 등에 나름 극적인 요소나 긴장감을 부여했다. 김우현 주변 인물들에 대한 설정도 그렇고 경찰청 내부 첩자를 색출하기 위한 추리 장면 등도 일정 정도 작품성의 틀을 유지했다.

그렇지만 전체적으로 볼 때 드라마에서 지향하는 사실성이나 인과성 등에는 많은 아쉬움이 남는다.

2회에서 김우현과 박기영의 신분이 바뀌는 과정은 초등학교 수준에나 부합한 설정이다. 현직 경찰관인 유강미가 이를 주도한다는 내용은 더더욱 그렇다. 유강미로 분한 이연희의 어설픈 연기는 접어두더라도 범인 추격을 빈번하게 단독 수행하는 장면 등은 심하다는 생각까지 든다. 국내에서 사이버 수사관들이 체포 현장에서 범인을 향해 늘 그렇게 권총을 뽑는지도 궁금하다.

7회와 8회는 더더욱 이해할 수 없다. 왜 갑자기 사건의 무대를 고등학교로 옮겼는지 알 수 없다. 입시 지옥 현장을 고발하기 위한 목적인지 한여름 밤의 괴담을 연출하기 위한 목적인지 지금까지도 궁금하다. 특히 8회에서는 교문에 쓰여진 학교명과 바로 뒤 건물에 쓰여진 학교명이 다르게 나온다. 제작진의 실수라고 하기엔 너무나 무성의한 처사가 아닌가 싶다. 6회에서 김우현이 경찰청장으로부터 표창장을 받기 위해 제복을 입고 단상에서 경례하는 장면이 나오는데 경찰모가 없다. 시상식장에 참석한 경찰관들 모두 경찰모가 없다. 나만의 취모구자吹毛求疵일까?

기획 의도에 짜집기하려는 과도한 연속 살인 사건이나 실소를 유발케 하는 일부 허무맹랑한 해킹 기법 등에도 불구하고 〈유령〉은 국내 최초의 사이버 범죄 드라마로서 일정 정도 성공한 것처럼 보인다. 개인적으로는 주인공인 소지섭과 권혁주를 연기한 곽도원의 빛나는 연기력으로 돌리고 싶다.

소지섭은 장훈의 〈영화는 영화다〉에서 뱀처럼 차가운 조폭으로 출연해 무척 인상적인 연기를 보여준 바 있다. 〈유령〉에서는 경찰 대학 출신답게 냉철하고 예리한 경찰관의 모습을 무리 없이 소화했다. 특히 간부 후보 출신의 권혁주로 출연한 곽도원은 〈유령〉을 통해 정의감에 투철하면서도 좌충우돌하는 형사 역할을 무난히 연기했다.

사이버 공격과 방어에 관심이 많은 나로서는 〈유령〉을 시청하는 동안 사실 내용보다는 극중에 등장하는 각종 기법이나 도구 등에 흥미가 더 많았다.

1회에서는 박기영이 신효정 자택 인근에서 무선 AP를 타고 그녀가 사용하는 노트북 PC로 침투하는 장면이 나온다. **MSF** 도구를 이용한 침투다. MSF는 칼리 운영체제에서 기본으로 제공하며, 운영체제의 버그 등과 같은 취약점을 이용해 해당 운영체제로 침투할 때 흔히 사용한다.

3회에서는 김우현이 **엔맵**NMap 도구를 이용해 악당이 사용하는 노트북 PC를 대상으로 포트 스캔하는 장면이 나온다. 엔맵이란 원격지에서 공격 대상자의 운영체제가 외부에 제공하는 서비스 목록을 확인하는 도구다.

그런데 극중에서 소지섭은 악당이 사용하는 윈도우 계열의 노트북 PC를 포트 스캔했는데 결과 창에는 운영체제가 **우분투**라고 나온다. 제작진의 실수다. 우분투란 데비안이라는 서버 운영체제를 데스크톱 PC 환경에 부합하도록 개량한 운영체제다. 국내와 달리 외국에서는 일반인들도 많이 사용한다. 리눅스 커널에 기반한 만큼 완전 무료다.

8회에서는 김우현이 교무실에서 사용하는 PC를 점검하다 해킹 도구를 발견하는데 **카인과 아벨**Cain&Abel이란 도구다. 윈도우 운영체제에서 사용할 수 있는 점검 도구다. 사무실 등과 같이 공격자와 공격 대상자가 동일한 공간에 있는 경우 공격 대상자의 데이터를 공격자에게 흐르게 조작하는 ARP 스푸핑 공격 등이 가능하다.

18회에서는 악당들이 사용하는 데스크톱 PC의 운영체제가 정면에서 나오는데 바로 **백트랙 운영체제**다. 우분투 운영체제에 100가지가 넘는 각종 사이버 보안 감사 도구를 장착한 모의 침투 운영체제다.

한편 극중에서는 사회공학을 이용해 목표물에 접근하는 장면들이 자주 나온다. 15회에서 김우현이 신분을 위장해 세이프텍 전산실에 잠입하는 장면은 대표적인 사회공학 기법이다. 사회공학은 기술적으로 목표물에 접근할 수 없는 경우 보안의 가장 약한 고리라고 할 수 있는 인간 심리 상태 등을 악용하는 일종의 사기술이다. 기계와 달리 인간을 대상으로 한다는 점에서 또한 기술적으로 해킹이 가능하도록 조건을 만족시키는 수단이란 점에서 사이버 보안상 가장 중요한 분야이기도 하다.

이런 다양한 사례를 반영한 드라마인 만큼 국내 사이버 보안인이라면 〈유령〉은 늘 책상에 놓인 필독서와 같은 드라마가 아닐까 싶다.

⑰
보안 알고리즘

송신자와 수신자는 서로 만날 수 없다는 전제 아래 사이버 보안은 일반적으로 표 17-1과 같은 구성 체계를 이룬다.

표 17-1

구분	내용
기밀성	서로 주고받은 실제 정보에 대한 비밀성을 보장하는 개념
무결성	서로 주고받은 실제 정보에 대한 정확성을 보장하는 개념
가용성	정당한 사용자가 필요할 때마다 즉각적으로 정보에 접근해 사용하는 개념
인증	송신자와 수신자 사이의 확신성을 보장하는 개념
부인 봉쇄	수신자가 정보를 받았는데 송신자가 이를 부인하는 일 등을 방지하는 개념

이 중에서 **기밀성**은 **사이버 보안의 기본이자 중심**을 이룬다. 무결성 등의 개념은 좀 더 완벽한 기밀성을 구현하기 위한 역사적 경험의 파생물이라고 할 수 있다. 기밀성과 무결성 개념을 중심으로 사이버 보안에서 주요한 보안 알고리즘의 내용을 알아보자.

17-1 기밀성 보안 알고리즘

기밀성^{Confidentiality}이란 송신자와 수신자가 주고받는 데이터를 대상으로 비밀성을 보장하는 개념이다. 다시 말해, 송신자와 수신자가 평문이 아닌 암호문을 통해 상호 간의 비밀 통신을 보장하는 개념을 의미한다. **평문**^{Plaintext}이란 누구나 읽을 수 있거나 접근할 수 있는 정보를 의미하고, **암호문**^{Cyphertext}이란 누구나 읽을 수 없거나 접근할 수 없는 정보를 의미한다.

기밀성을 구현하기 위해서는 암호 이론이 필수적이다. 사이버 암호 체계에서는 암호 해독문을 **열쇠**^{key}라고 부른다. 송신자와 수신자가 사용하는 열쇠 방식에 따라 **대칭 암호 구조**^{Symmetric Key Algorithm}와 **비대칭 암호 구조**^{Asymmetric Key Algorithm}로 구분한다. 그림 17-1과 같이 대칭 암호 구조란 **송신자와 수신자가 사용하는 열쇠가 동일한 경우**고, 비대칭 암호 구조란 **송신자와 수신자가 사용하는 열쇠가 상이한 경우**다.

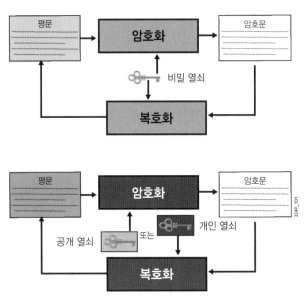

그림 17-1

206

이와 같이 **대칭 암호 구조에서 송신자와 수신자가 동일하게 사용하는 열쇠를 비밀 열쇠**secrete key라고 부르고, **비대칭 암호 구조에서 송신자와 수신자가 상이하게 사용하는 각각의 열쇠를 공개 열쇠**public key, **개인 열쇠**private key라고 부른다.

표 17-2

구분	송신자(암호화의 주체)	수신자(복호화의 주체)
대칭 암호 구조	송신자의 비밀 열쇠	수신자의 비밀 열쇠
비대칭 암호 구조	수신자의 공개 열쇠	송신자의 개인 열쇠

암호화Encryption란 **평문을 암호문으로 변경하는 개념**이고, **복호화**Decryption란 암호화의 반대로서 **암호문을 평문으로 다시 변경하는 개념**이다. 당연히 **송신자는 암호화의 주체이고 수신자는 복호화의 주체**다.

대칭 암호 구조는 수천 년 동안 암호 이론의 상식이었다. 그렇지만 대칭 암호 구조를 사이버 공간으로 이식하는 과정에서 송신자와 수신자가 서로 암호 통신을 시작하기 전에 어떻게 비밀 열쇠를 교환할 것인가라는 문제에 직면한다. 이것이 이른바 **비밀 열쇠의 분배 문제**다.

송신자가 수신자에게 비밀 열쇠를 직접 전송할 수는 없다. 제3자가 전송 중인 비밀 열쇠를 탈취할 수 있기 때문이다. 사실 비밀 열쇠의 분배 문제는 1970년대 중반까지 상당한 난제였다. 이러한 난제를 **디피**Diffie와 **헬먼**Hellman 두 사람이 이산 대수 속성에 따라 **공개 열쇠와 개인 열쇠**라는 2개의 열쇠 개념을 이용해 해결했다. 이것이 바로 **DH 알고리즘**Diffie-Hellman-Public key Exchange Algorithm이다.

DH 알고리즘을 소개하기 전에 **김부식**의 **『삼국사기』 고구려 본기 유리왕 편**을 잠시 소개하겠다. 생뚱맞더라도 잘 읽어보기 바란다.

주몽의 아들 유리는 어느 날, 어머니에게 자기 아버지의 존재를 묻는다. 잘 아는 바와 같이 주몽은 유리가 태어나기 전 부여 왕실의 권력 투쟁에서 패한 뒤 만삭이었던 아내를 남겨두고 도망가면서 "我有遺物藏在七稜石上松下(내가 물건을 일곱 모가 난 돌 위의 소나무 아래에 감추어 두었다)"라는 말을 남겼다. 예씨 부인에게 이런 말을 듣고 유리는 일곱 모가 난 돌 위의 소나무 아래가 도대체 어디인지를 몰라 온 동네를 다 뒤졌다. 그러다 지친 몸을 쉬고자 마루 위에 있던 유리는 문득 기둥과 초석 사이에서 부러진 칼 조각을 발견했다. 주몽이 말했던 일곱 모가 난 돌 위의 소나무 아래란 다름 아닌 집기둥이었다. 오매불망 아버지를 그리워하던 유리는 마침내 부러진 칼을 가지고 고구려에 갔다. 당시 고구려를 통치하던 주몽은 그동안 누구에게도 보인 적이 없는 남은 칼 조각을 품에서 꺼내어 아들이 가져온 칼 조각과 맞추었더니 비로소 완전한 칼이 되었다.

무려 2,000년 전에 있었던 사건이다. 그렇지만 DH 알고리즘을 이해하는 데 무척 유용한 일례이기도 하다. 억지스럽긴 하지만 주몽이 아들에게 남긴 칼 조각을 **공개 열쇠**라고 간주하고, 주몽이 새로운 부인 소서노에게조차 보인 적 없었던 나머지 칼 조각을 **개인 열쇠**라고 간주하자. 그리고 주몽의 칼 조각과 유리의 칼 조각을 끼웠을 때의 완전한 칼을 **비밀 열쇠**라고 간주하자. 내가 강의할 때마다 늘 언급하는 비유이기도 하다.

DH 알고리즘에 따르면, 대칭 암호 구조 환경에서 **송신자와 수신자는 각각 공개 열쇠와 개인 열쇠를 생성**한다(DH 알고리즘 1단계 동작). **송신자와 수신자는 서로 자신의 공개 열쇠를 교환**한다(DH 알고리즘 2단계 동작). 제3자에게 공개 열쇠가 드러나도 상관이 없다. 공개 열쇠는 한낱 조각난 칼이기 때문이다. 이렇게 상호 간에 공개 열쇠를 주고받은 뒤 **각자의 개인 열쇠를 꺼내 상대방과 주고받은 공개 열쇠에 끼우면 비밀 열쇠를 생성**할 수 있다(DH 알고리즘 3단계 동작). 비로소 **송신자와 수신자 모두 비밀 열쇠를 공유하는 구조**가 나온다. 어떤가? 『삼국사기』 유리왕 편에 나온 기사와 비슷한가? 이것이야말로 **비밀 열쇠의 분배 문제를 해결**한 DH 알고리즘의 핵심 내용이다.

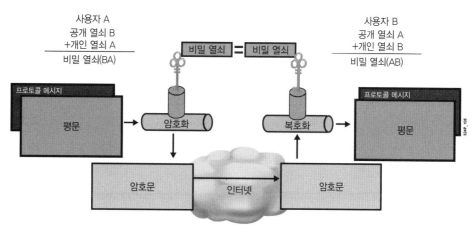

그림 17-2

그림 17-2에서 보는 바와 같이 **사용자 A의 비밀 열쇠는 사용자 B의 공개 열쇠와 자기 자신의 개인 열쇠를 결합해 생성**하고, **사용자 B의 비밀 열쇠는 사용자 A의 공개 열쇠와 자기 자신의 개인 열쇠를 결합해 생성**한다. 대칭 암호 구조, 곧 비밀 열쇠를 이용하는 대표적인 암호 알고리즘에는 64비트 기반의 DES^Data Encryption Standard **방식**과 128비트 기반의 AES^Advanced Encryption Standard **방식** 등이 있다. 물론 DES 방식과 AES 방식 등은 비밀 열쇠를 사용하기 전 DH 알고리즘에 따라 서로 공개 열쇠를 주고받아 비밀 열쇠를 생성하는 과정이 필요하다.

DH 알고리즘은 암호 역사상 최초로 공개 열쇠와 개인 열쇠라는 두 가지 열쇠를 사용했지만, **2개의 열쇠는 오직 비밀 열쇠를 생성하는 데만 사용**할 수 있었다. 다시 말해, 공개 열쇠와 개인 열쇠를 직접 암호화·복호화에 사용할 수 없었다. 이것이 **DH 알고리즘의 한계**라고 할 수 있었다. DH 알고리즘 발표 이후 **리베스트**^Rivest · **샤미르**^Shamir · **에이들면**^Adleman 등은 DH 알고리즘에서 사용하는 공개 열쇠와 개인 열쇠를 직접 암호화·복호화할 수 있는 **알고리즘 개발에 착수**한다. 결국 이 세 사람은 RSA 알고리즘 개발에 성공함으로써 비대칭 암호 구조의 기원을 열었다. RSA 알고리즘은 DH 알고리즘과 달리 **공개 열쇠와 개인 열쇠를 직접 암호화·복호화하는 데 사용**하며, 비대칭 암호 구조에서 **사실상 표**

준 암호 알고리즘에 속한다.

표 17-3

구분	공개 열쇠와 개인 열쇠의 용도
DH 알고리즘	비밀 열쇠 생성에만 사용
RSA 알고리즘	암호화 · 복호화에 직접 사용

표 17-3에서와 같이 RSA 알고리즘을 사용하는 비대칭 암호 구조에서는 송신자가 수신자에게 공개 열쇠를 요청하면 수신자는 자신의 공개 열쇠를 송신자에게 전송해준다. 송신자는 수신자로부터 전송받은 공개 열쇠를 이용해 평문을 암호문으로 변경한 뒤 수신자에게 해당 암호문을 전송한다. 수신자는 송신자로부터 받은 암호문을 자신의 개인 열쇠를 이용해 복호화한다.

그림 17-3처럼 비대칭 암호 구조에서는 송신자와 수신자가 사용하는 열쇠를 달리한다. 비대칭 암호 구조는 대칭 암호 구조보다 진일보한 구조라는 평가를 받았지만 비대칭 암호 구조에서도 문제가 있었다. 이른바 **공개 열쇠의 신뢰 문제**다.

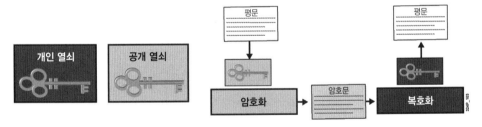

그림 17-3

RSA 알고리즘에 기반한 송신자는 암호화를 수행하기 위해 수신자로부터 공개 열쇠를 수신해야 한다. 그런데 수신한 공개 열쇠가 진짜 수신자의 공개 열쇠인지, 아니면 공격자가 보낸 공개 열쇠인지 보장받을 방법이 없다(DNS 스푸핑 위협과도 비슷한 문제다).

표 17-4에서처럼 **대칭 암호 구조에서 비밀 열쇠의 분배 문제를 DH 알고리즘으로 해결**한 것과 마찬가지로, **비대칭 암호 구조에서 공개 열쇠의 신뢰 문제를 PKI**public key infrastructure **구조로 해결**했다.

표 17-4

구분	문제점	해결법
대칭 암호 구조	비밀 열쇠의 교환	DH 알고리즘
비대칭 암호 구조	공개 열쇠의 신뢰	PKI 구조

PKI 구조란 비대칭 구조에 기반한 암호 방식을 광범위하게 활용하기 위한 기술적·조직적· 법률적 트리 형태의 기반 시설을 의미한다. PKI 구조는 **공인 인증 기관·등록 기관·디렉 토리 서비스 서버** 등으로 이뤄졌다. 다시 말해, 비대칭 암호 구조에서는 사용자마다 각 각 공개 열쇠와 비밀 열쇠를 생성한 뒤 공개 열쇠를 **공인 인증 기관**에 등록한다. **공인 인 증 기관에서는 각각의 사용자 공개 열쇠를 데이터베이스에 등록하고, 그에 따른 고유한 일 련번호를 공개 열쇠에 부여**해준다. 이것이 바로 **공인 인증서**다(공인 인증서의 구성 요소를 X.509 방식이라고 한다).

이제 송신자가 수신자에게 공개 열쇠를 수신받으면 해당 공개 열쇠의 일련번호를 공인 인증 기관에 의뢰한다. 해당 공개 열쇠의 일련번호가 공인 인증 기관에서 발행한 정상 적인 일련번호라고 응답받는다면 비로소 송신자는 수신한 공개 열쇠가 수신자의 공개 열쇠라고 확신할 수 있다.

PKI 구조를 도입해 비대칭 암호 구조의 문제를 해결했지만 비대칭 암호 구조에는 또 다른 문제가 있다. 바로 처리 속도의 문제다. 비대칭 암호 구조는 대칭 암호 구조와 비 교할 때 **상당한 처리 지연이 발생**한다. 그렇기 때문에 현실에서는 대칭 암호 구조와 비 대칭 암호 구조를 혼합하는 방식을 사용한다. 이런 방식을 **하이브리드 암호 방식**이라고 한다. 하이브리드 암호 방식과 관련해 **SSH VPN 기법**에서는 **계정과 비밀 번호처럼 가벼**

운 인증 정보를 암호화할 때는 RSA 알고리즘 등을 사용하고, 실제 본문처럼 무거운 정보를 암호화할 때는 AES 알고리즘 등을 사용한다.

또한 SSL/TLS VPN 기법은 **웹 보안을 구현할 때 주로 사용**한다. SSL/TLS VPN 기법을 사용하는 경우 송신자는 **임의의 비밀 열쇠를 생성**해 전송 데이터를 암호화한 뒤 수신자에게 전송한다. 수신자는 송신자가 임의의 비밀 열쇠로 암호화한 데이터를 복호화하기 위해 송신자에게 자신의 공개 열쇠를 전송한다. **송신자는 수신자에게 전해 받은 공개 열쇠를 이용해 임의의 비밀 열쇠를 암호화**하는데, 이것을 **전자 봉투**라고 부른다. 송신자가 전자 봉투를 수신자에게 전송하면 수신자는 자신의 개인 열쇠를 이용해 전자 봉투를 복호화한다. 수신자가 송신자의 비밀 열쇠를 획득하는 순간이다. 수신자는 이렇게 획득한 비밀 열쇠를 이용해 송신자가 전송한 암호문을 비로소 복호화한다. 한편, **송신자가 난수를 이용해 임의로 생성한 비밀 열쇠를 흔히 세션 키**session key라고 부른다. **송신자와 수신자 사이에서 일회성 열쇠로 사용하기 위한 용도로 생성**한다.

17-2 무결성 보안 알고리즘

무결성Integrity이란 송신자와 수신자가 주고받는 데이터를 대상으로 정확성을 보장하는 개념이다. 무결성 보안 알고리즘에는 **요약 함수**와 **전자 서명** 두 가지가 있다.

요약 함수 Hash Function는 대칭 암호 구조와 비대칭 암호 구조 모두에서 무결성을 구현하기 위해 사용하는 알고리즘으로서 **가변적인 길이의 원본을 고정적인 길이의 요약본으로 처리하는 일종의 메시지 무결성 코드**다. 또한 요약 함수에는 **요약본을 다시 원본으로 복원할 수 없는 일방향성 특징**이 있다.

유닉스 · 리눅스 시스템에 기반한 요약 함수의 종류에는 **MD 방식**과 **SHA 방식** 등이 있다. 이 중에서 **MD5 방식**은 128비트 길이의 요약본을 출력하고, **SHA-256 방식**은 256비트 길의의 요약본을 출력하며, **SHA-512 방식**은 512비트 길이의 요약본을 출력한다. 기밀성에서 암호화 이전 상태를 **평문**이라 부르고 암호화 이후 상태를 **암호문**이라고 부르는 것처럼, 무결성에서 요약 함수 처리 이전 상태를 **원본**이라고 부르며 요약 함수 처리 이후 상태를 **요약본**이라고 부른다. 다시 말해, MD5 방식은 원본의 길이와 무관하게 언제나 128비트 길이의 요약본을 출력하고, SHA-512 방식은 512비트 길이의 요약본을 출력한다.

요약 함수에는 이렇게 출력한 요약본을 다시 원본으로 복원할 수 없는 **역상 저항성**이란 특징이 있다. 암호문을 평문으로 다시 복호화할 수 있는 암호 함수와 다른 점이다. 요약 함수는 또한 각기 다른 2개의 원본에서는 각기 다른 요약본이 나오는 **충돌 저항성**이란 특징도 있다. 만일 **서로 다른 2개의 원본에서 같은 요약본이 나올 경우**에는 **충돌**이 발생했다고 말한다. 요약 함수는 이러한 역상 저항성과 충돌 저항성 두 가지를 통해 데이터 정확성을 검증한다.

지금까지 설명한 요약 함수의 특징을 토대로 송신자와 수신자 사이에서 무결성으로 어떻게 요약 함수를 이용하는지 설명하겠다. 기밀성과 혼동하지 말기 바란다.

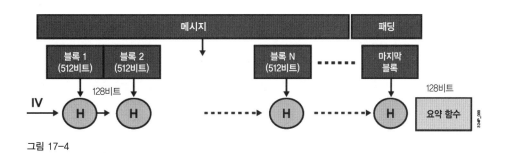

그림 17-4

그림 17-4에서와 같이 송신자가 전송 데이터(원본)를 MD5 방식의 요약 함수로 처리하면, 128비트의 요약본이 나온다. 출력한 요약본을 원본에 첨부해 수신자에게 전송한다. 수신자가 요약본을 첨부한 원본을 수신하면 원본과 요약본을 분리한 뒤 원본을 MD5 방식의 요약 함수로 처리해 128비트의 요약본을 구한다. **수신자가 출력한 요약본과 송신자가 첨부한 요약본을 비교해 동일한 값이 나오면 원본이 정확하다고 판단**한다.

반대로 수신자가 출력한 요약본과 송신자가 첨부한 요약본을 비교해 상이한 값이 나오면 원본이 부정확하다고 판단한다. 즉, 조작으로 판단한다. 이렇게 판단할 수 있는 근거가 바로 요약 함수의 **역상 저항성**과 **충돌 저항성**이다.

요약 함수에 따른 조작 여부를 확인하는 일례를 보자.

```
root@kali:~# sha512sum /root/procexp.exe

80e927fe20f77e88c5883b782e56c93db05aece117943b774ef8055e028b555b5d3374efa
bd3821984b34c7085f75e6835b3be942507dff26d00831497d6cb4f  /root/procexp.exe
```

예제 17-1

예제 17-1에서 root 디렉토리에 있는 procexp.exe가 원본에 해당한다. 그리고 그 이하의 내용(80…4f)은 SHA-512 방식에 따른 요약본에 해당한다.

이제 procexp.exe에 트로이 목마를 삽입하고 tmp 디렉토리에 저정한 뒤 다시 SHA-512 방식에 따라 procexp.exe를 계산하면 예제 17-2와 같다.

```
sha512sum /tmp/procexp.exe

2d203921fb532f7eddc661a9539a45fc51e63cb9e38bcd9647093fc5b2f9bf1ec4b5e06a7a
5f52832db3a13e7ee4a31846e1e5c206cd535380796cac987fb8d6  /tmp/procexp.exe
```

예제 17-2

root 디렉토리에 있는 procexp.exe와 tmp 디렉토리에 있는 procexp.exe는 외관상 동일한 원본이다. 그러나 막상 요약 함수로 계산한 결과는 다르다. 원본에 대한 조작이 있었다는 의미다.

요약 함수는 운영체제에서 비밀번호를 저장할 때도 흔히 사용한다. 예제 17-3은 데비안 운영체제에서 cat /etc/shadow | grep root 명령어로 확인한 내용이다.

```
root:$6$mWYn054S$0iFaS.Oxo3tnKFnYQxmUOJL51q7dHXOdNixyOgAycB81DIXgqizc7tHeIR
hQxHsHRR2UKHrahK9o7R/Aeadu2.:16612:0:99999:7:::
```

예제 17-3

예제 17-3에서 6은 root 계정에 해당하는 비밀번호를 SHA-512 방식의 요약 함수로
처리했다는 의미다. 1이라고 나온다면 **MD5 방식의 요약 함수로 처리했다는 의미다.** 그
다음에 나오는 **hlhzqnvs 부분**은 **솔트**^salt **값**이다. 충돌 저항성을 구현하기 위한 **난수**다.
다시 말해, root 계정의 비밀번호가 1234고 odj 계정의 비밀번호도 1234라고 할 때 이
2개의 비밀번호를 요약 함수로 처리하는 과정에서 동일한 값이 나올 수 있다. 즉, 충돌
이 일어날 수 있다. 이러한 충돌을 사전에 예방하기 위해 요약 함수로 처리하기 전에
각 비밀번호 뒤에 임의의 난수 값, 즉 솔트 값을 첨부한다. 솔트 값을 첨부해서 처리한
요약 함수의 결과에는 충돌이 없다. 따라서 그림 17-1에서 root 계정의 비밀번호에 해
당하는 실제 요약본은 솔트 값 뒤에 나오는 **XxCl4aXM8Dp...** 이하 부분이다.

참고로 윈도우 운영체제에서는 LM · NTLM · NTLMv2 방식 등의 요약 함수를 이용해 계
정과 비밀번호를 저장한다.

한편, 그림 17-5에서와 같이 **요약 함수를 이용해 원본에 비밀 열쇠를 추가해 요약본을 생
성하는 경우**가 있다. 이를 HMAC^Keyed-Hashing for Message Authentication **방식**이라고 한다.

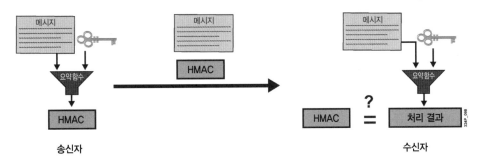

그림 17-5

HMAC 방식은 무결성을 구현하기 위한 요약 함수를 인증 기능까지 확장해 사용하는 기법으로 비밀 열쇠를 사용하는 환경에서 구현할 수 있다. 다시 말해, HMAC 방식을 이용하면 송신자와 수신자 사이에서 무결성과 인증을 동시에 구현할 수 있다.

전자 서명^{Digital Signature}도 요약 함수와 마찬가지로 무결성을 구현하기 위해 사용하는 알고리즘이지만 **오직 비대칭 암호 구조에서만 사용이 가능**하다. 또한 전자 서명을 구현할 때 RSA 알고리즘을 그대로 사용할 수 있다. 이런 경우 공개 열쇠와 개인 열쇠의 용도는 기밀성에서 사용할 때와 정반대다. 다시 말해, RSA 알고리즘의 공개 열쇠와 개인 열쇠를 기밀성과 무결성에서 사용할 경우 표 17-5와 같다.

표 17-5

구분	암호화	복호화
기밀성	수신자의 공개 열쇠	수신자의 개인 열쇠
무결성	송신자의 개인 열쇠	송신자의 공개 열쇠

입문자에게 표 17-5의 내용은 당혹스러울 수 있다. 그런데 가만히 생각하면 아주 단순하면서도 대단한 내용이다. 송신자가 전자 우편을 작성한 뒤 자필 서명을 했다고 가정하자. 전자 우편은 본문 내용 부분과 자필 서명 부분으로 구분할 수 있다. 서명을 하는 이유는 본문 작성자가 자신임을 상대방에게 알리기 위한 일종의 부가적인 정보다.

전자 우편을 수신자에게 발송하기 전 **송신자는 수신자의 공개 열쇠를 이용해 본문 내용 부분을 암호화**한다. 이제 **자필 서명 부분을 자신의 개인 열쇠로 암호화**할 때 이것을 **전자 서명**이라고 한다(전자 서명과 전자 봉투를 혼동하지 말기 바란다).

수신자가 송신자로부터 전자 우편을 받으면 본문 내용 부분을 자신의 개인 열쇠로 복호화해 본문의 내용을 읽는다. 이제 본문의 내용을 작성한 상대방이 자신이 원하는 상대방인지 확인하기 위해 상대방이 전송한 공개 열쇠를 이용해 자필 서명 부분을 복호화한다. 복호화에 성공하면 송신자가 보낸 내용임을 확신할 수가 있다. 왜냐하면 공개 열쇠와 개인 열쇠는 한 쌍이기 때문에 공개 열쇠로 복호화했다면 해당 공개 열쇠에 대응하는 개인 열쇠로 암호화한 것이 분명할 수밖에 없다. **이것은 동시에 상대방에 대한 인증이기도 하다**(전자 서명을 무결성뿐 아니라 인증에서도 사용). 따라서 **전자 서명은 무결성과 인증을 동시에 구현**할 수 있다.

18

VPN 개념

기밀성이란 서로 주고받은 실제 정보에 대한 비밀성을 보장하는 개념이라고 했다. 기밀성은 암호 알고리즘을 통해 구현한다. 이처럼 **기밀성을 구현하기 위해 수행하는 일련의 암호화 기법**을 VPN^{Virtual Private Network}이라고 한다.

그림 6-1에서 제시한 데이터 전송 단위는 지극히 TCP/IP 방식에 따른 구성이다. 그런데 **TCP/IP 방식**은 설계 당시부터 암호를 구현하기 위한 용도가 아닌 **통신을 구현하기 위한 용도로 설계**했기 때문에 **모든 페이로드와 헤더가 평문 구조**를 이룬다. 이러한 데이터는 소극적인 중간자 개입 공격, 곧 스니핑 공격에 취약할 수밖에 없다. 그림 15-1은 전형적인 스니핑 공격 결과를 보여준다. 스니핑 공격과 같은 기밀성 위협 요소에 대응하기 위해서는 VPN 기법이 반드시 필요하다.

VPN 기법은 TCP/IP 방식의 데이터 전송 단위를 대상으로 암호 알고리즘을 적용한 범위에 따라 **응용 계층 기반의 VPN 기법, 네트워크 계층 기반의 VPN 기법, 데이터 링크 계층 기반의 VPN 기법** 등으로 구분할 수 있다.

18-1 응용 계층 기반의 VPN 기법

응용 계층 기반의 VPN 기법으로는 SSH VPN 기법 · SSL/TLS VPN 기법 · PGP VPN 기법 · SET VPN 기법 등이 있다(SSL/TLS VPN 기법은 경우에 따라 전송 계층으로 분류하기도 한다).

암호문 페이로드	평문 헤더 1	평문 헤더 2	평문 헤더 3

그림 18-1

그림 18-1과 같이 **응용 계층 기반의 VPN 기법**은 **오직 페이로드 영역만을 암호화**하기 때문에 와이어샤크 등을 통해 해당 데이터에 접근하면 페이로드는 읽을 수 없지만 모든 헤더 정보는 읽을 수 있다.

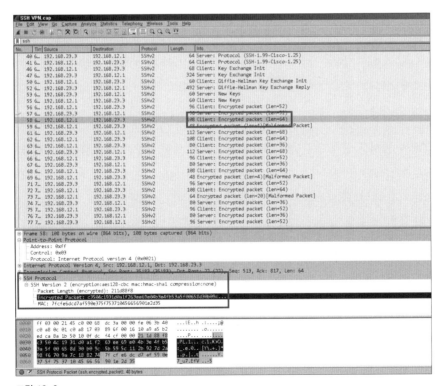

그림 18-2

220

그림 18-2와 같이, SSH VPN 기법을 적용한 데이터의 경우 페이로드는 읽을 수 없지만 모든 헤더 정보는 읽을 수 있다.

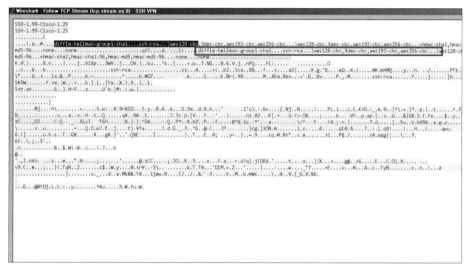

그림 18-3

또한 그림 18-3과 같이 SSH VPN 데이터에서 **DH 알고리즘과 RSA 알고리즘** 등을 발견할 수 있다. **계정과 비밀번호 등을 입력하는 인증 과정에서는 RSA 알고리즘을 이용**하고 인**증 이후의 작업 내용은 AES 알고리즘 등을 이용하는 하이브리드 암호 방식**이기 때문이다.

한편 **SSL/TLS VPN 기법**은 그림 18-4와 같은 구조를 이루며 **응용 계층과 전송 계층 사이에서 동작**한다(관점에 따라 응용 계층으로 분류하는 경우가 있고, 전송 계층으로 분류하는 경우가 있다).

핸드셰이크 프로토콜	암호 변경 사양 프로토콜	경고 프로토콜
레코드 프로토콜 영역		

그림 18-4

SSL/TLS VPN 기법에서는 세션 키를 이용하는 하이브리드 암호 방식을 사용한다고 이미 설명한 바 있다. **핸드셰이크 프로토콜** 영역에서는 DES 알고리즘 등에 기반한 세션 키를 생성하고, **레코드 프로토콜** 영역에서는 세션 키를 상대방의 공개 키로 암호화해준다. **암호 변경 사양 프로토콜** 영역에서는 상호 암호 통신을 수행하기 위해 필요한 일련의 보안 알고리즘 정보를 사전에 협의하기 위한 이른바 보안 매개변수를 생성하고, **경고 프로토콜** 영역에서는 오류 발생 시 상대방에게 오류 통보 기능을 수행한다.

SSL/TLS VPN 기법에서 수행하는 일련의 동작 과정은 표 18-1과 같다.

표 18-1

동작 순서	내용
초기 협상 단계	클라이언트와 서버 사이에서 클라이언트 헬로 및 서버 헬로 신호 교환
서버 인증 단계	서버에서 공개 열쇠를 클라이언트에게 전송
클라이언트 인증 단계	클라이언트 핸드셰이크 프로토콜에서 생성한 **임시 비밀 열쇠를 공개 열쇠로 암호화**해 전송하고 암호 변경 사양 프로토콜에서 다음 단계에서부터 사용할 일련의 보안 매개변수를 서버에게 전송
종료 단계	일련의 통신을 진행한 뒤 TCP 방식에 따라 순차적으로 연결 종료

그림 18-5는 실제 SSL/TLS VPN 동작을 스니핑한 화면이다.

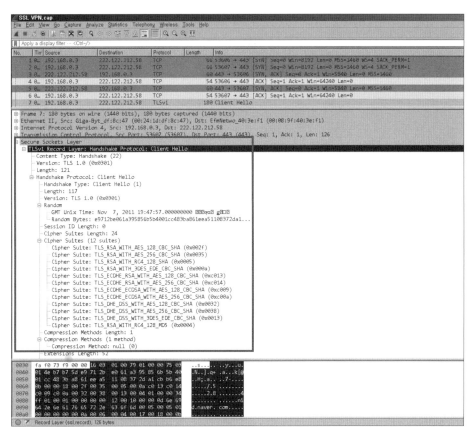

그림 18-5

18-2 네트워크 계층 기반의 VPN 기법

IPSec VPN 기법은 네트워크 계층 기반의 가장 대표적인 VPN 기법이다.

암호문 페이로드	암호문 헤더 1	암호문 헤더 2	평문 헤더 3

그림 18-6

그림 18-6과 같이 **IPSec VPN 기법**은 네트워크 계층 기반의 VPN 기법이기 때문에 SSH VPN 기법 등과 달리 **페이로드 영역뿐만 아니라 세그먼트/데이터그램 헤더와 패킷 헤더까지 암호화**해준다.

IPSec VPN 기법을 정확히 이해하려면 **SA**^{Security Association} 개념을 명확히 해야 한다. SA의 실체는 그림 18-7과 같이 패킷이다.

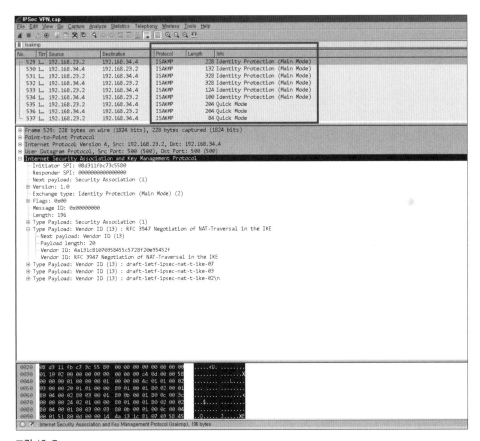

그림 18-7

일반 IP 패킷과 다른 점은 SA 패킷에는 상호 간에 수행할 **일련의 보안 정책 집합체**, 곧 보안 매개변수가 있다는 것이다. **보안 매개변수**란 SSL/TLS VPN에서 설명한 바와 같이 상호 암호 통신을 수행하는 데 필요한 일련의 보안 알고리즘 정보를 사전에 협의하기 위한 내용이다.

이러한 SA 패킷을 전송하기 위해서는 IKE^{Internet Key Exchange}/ISAKMP^{Internet Security Association and Key Management Protocol}라는 프로토콜이 필요하다. 마치 HTML 문서를 전송하기 위해 HTTP 프로토콜이 필요한 것과 같다.

표 18-2

구분	기능
HTTP	HTML 문서 송수신 기능 수행
IKE/ISAKMP	SA 패킷 송수신 기능 수행

HTML 또는 SA를 통조림에 비유하면, HTTP 또는 IKE/ISAKMP는 통조림이 이동하게 해주는 컨베이어 벨트에 비유할 수 있다.

이전에는 IKE 방식의 경우 구체적인 절차를 명시하고 ISAKMP 방식의 경우 전체적인 절차를 명시한다고 애매하게 구분했지만, **2010년 IKEv2 방식이 등장하면서 ISAKMP 방식을 흡수했기 때문에 지금은 IKE 방식만 있다.** 그렇지만 그림 18-7과 같이 2010년 이전에 사용하던 장비에서는 IKE가 아닌 ISAKMP라고 나온다.

정리하자면 송신자가 수신자와 IPSec VPN 통신을 수행하기 전 IKE(ISAKMP) 프로토콜을 이용해 SA 패킷을 주고받으며, 보안 설정에 대한 일련의 내용을 교환한다. 그림 18-7에서 보는 바와 같이 **메인 모드**^{Main Mode}는 **송신자와 수신자가 SA 패킷을 통해 상호 간에 인증하는 과정 등을 의미**한다. 메인 모드 다음에 나타나는 **퀵 모드**^{Quick Mode}는 **보안 매개변수를 주고받은 다음 IPSec VPN 종류 등을 결정하기 위한 협상 과정을 의미**한다. IPSec VPN 종류에는 **AH 방식**과 **ESP 방식**이 있다. 이처럼 메인 모드 상태를 **IKE 1단계**라고 하며, 퀵 모드 상태를 **IKE 2단계**라고 한다. 그림 18-8이 바로 각 단계를 보여주는 화면이다.

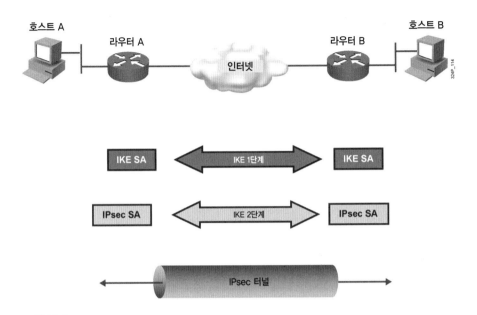

그림 18-8

한편 AH^Authentication Header 방식은 **무결성과 인증 기능만을 부여**하는 반면, ESP
Encapsulating Security Payload 방식은 **무결성과 인증은 물론 기밀성 기능까지 부여**하기 때문
에 IPSec VPN 기법을 구성할 때 이 중에서 암호문 패킷 기반의 ESP 방식을 주로 이용
한다. 그런 만큼 이 책에서도 그림 18-9처럼 ESP 방식에 국한해 설명하겠다.

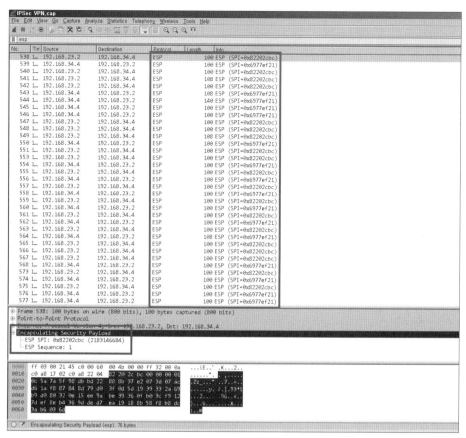

그림 18-9

IPSec VPN 기법은 **터널 구간의 차이**와 **ESP 헤더의 삽입 위치의 차이**에 따라 **전송 모드**와 **터널 모드**로 구분한다. **터널 구간**이란 **암호문이 통과하는 영역**을 의미한다.

전송 모드는 **암호화와 복호화를 송신자 호스트와 수신자 호스트에서 수행**한다. 다시 말해, 송신자와 수신자 사이에 터널 구간을 형성한다. 전송 모드는 해당 LAN 영역에 설치한 VPN 장비가 아닌, 실제 사용자 호스트에서 암호화 · 복호화를 수행하기 때문에 동일한 LAN 영역에 있는 공격자로부터 스니핑 공격을 가장 최소화할 수 있다.

그림 18-10과 같이, 전송 모드로 구성할 경우 TCP/UDP 헤더와 IP 헤더 사이에 ESP 헤더가 들어간다. ESP 헤더 뒤에 나오는 TCP/UDP 헤더와 페이로드는 암호화되기 때문에 스니핑 공격을 받더라도 ESP 헤더까지만 드러날 뿐 그 이후의 내용은 읽을 수가 없다. IP 헤더를 평문으로 유지하는 이유는 외부 라우터가 라우팅을 수행하게 하기 위해서다. IP 헤더를 평문이 아닌 암호문으로 변경하면 라우터가 IP 헤더를 읽을 수 없다.

| 암호문 페이로드 | 암호문 TCP/UDP 헤더 | ESP 헤더 | 평문 IP 헤더 |

그림 18-10

전송 모드는 스니핑 공격을 최소화할 수 있다는 강점이 있지만 사용자가 직접 IPSec VPN 기법을 설정해야 한다는 문제가 있다. 이것은 사용자에게 상당히 어려운 문제이기도 하다. 사용자가 IPSec VPN 전송 모드를 정확히 이해해야 설정이 가능하기 때문이다.

이러한 문제를 해결하기 위해 실제 IPSec VPN 설정은 주로 터널 모드를 이용한다. 전송 모드와 달리 **터널 모드는 송신 측 VPN 장비와 수신 측 VPN 장비에서 암호화와 복호화를 수행**하기 때문에 사용자는 VPN 이론을 몰라도 암호 통신을 수행할 수 있다. 물론 터널 구간을 송신 측 VPN 장비와 수신 측 VPN 장비에서 형성하기 때문에 **동일한 LAN 영역에서 일어나는 스니핑 공격에는 취약**할 수밖에 없다. 그림 18-11은 터널 모드로 구성한 IPSec VPN이다.

| 암호문 페이로드 | 암호문 TCP/UDP 헤더 | 암호문 IP 헤더 | ESP 헤더 | 평문 IP 헤더 |

그림 18-11

그림 18-11과 같이, 터널 모드로 구성할 경우 IP 헤더 앞에 ESP 헤더가 붙는다. ESP 헤더 뒤에 나오는 IP 헤더와 TCP/UDP 헤더와 페이로드는 암호화되기 때문에 스니핑

공격을 받더라도 ESP 헤더까지만 드러날 뿐 그 이후 의 내용은 읽을 수가 없다. 특히 전송 모드와 달리 터널 모드에서는 실제 IP 헤더까지 암호화되기 때문에 송신자와 수신자의 실제 IP 주소를 은폐할 수 있다. 다만 외부 라우터가 원활하게 라우팅 기능을 수행하도록 ESP 헤더 앞에 평문 IP 헤더를 붙인다. 이때 평문 IP 헤더의 출발지·목적지 IP 주소는 각각 송신 측 VPN 장비와 수신 측 VPN 장비가 사용하는 IP 주소다. 그림 18-11에서 보이는 출발지·목적지 IP 주소 역시 송신 측 VPN 장비와 수신 측 VPN 장비가 사용하는 IP 주소일 뿐 실제 출발지·목적지 IP 주소는 ESP 헤더에 의해 드러나지 않는다.

시스코 라우터를 이용한 그림 18-9의 구성 내역은 예제 18-1과 같다.

```
crypto isakmp policy 10
encryption des
group 2
hash md5
authentication pre-share
lifetime 60
exit
crypto isakmp key 1234 address 192.168.34.4 #메인 모드 설정 부분
exit
crypto ipsec transform-set COTI-VPN esp-3des esp-md5-hmac #ESP 설정 부분
exit
```

예제 18-1

crypto isakmp policy 20 부분은 IKE 1단계에 해당하는 내용이다(보안 설정 상태에서 상호 인증을 수행하겠다는 의미로서 경우에 따라 no crypto isakmp enable 명령어를 이용해 해당 단계 과정을 생략하기도 한다).

IKE 1단계 내용을 보면 encryption des와 group 2가 보이는데, 둘은 서로 쌍을 이룬다. 송신자와 수신자가 SA 패킷을 주고받으며, 기밀성과 관련해서는 DES 알고리즘

을 이용하겠다는 의미다. DES 알고리즘은 대칭 암호 구조이기 때문에 비밀 열쇠를 사용하기 위해서는 DH 알고리즘이 필요하다. DH 알고리즘은 생성하는 비밀 열쇠의 길이에 따라 **DH 1 방식**, **DH 2 방식**, **DH 5 방식**으로 나뉘는데, 예제 18-2에서는 group 2 명령어를 이용해 DH 2 방식을 사용하겠다는 의미다. 만약 encryption des가 아니라 encryption rsa라고 나온다면 group 2는 없어야 한다. RSA 알고리즘에서는 비밀 열쇠가 없기 때문이다.

hash md5는 무결성과 관련해 MD5 방식을 이용하겠다는 뜻이고, authentication pre-share는 송신자와 수신자 사이에 인증을 수행할 때 1234라는 사용자의 임의 설정 값을 이용하겠다는 의미다. 또한 lifetime 20은 일종의 터널 구간에 대한 에이징 타임이다. 참고로 에이징 타임은 송신자와 수신자 사이에 불일치해도 터널을 생성하는 데 무관하다. 물론 나머지 내용은 상호 간에 일치해야 터널을 생성할 수 있다.

crypto ipsec transform-set COTI-VPN 부분은 IKE 2단계에 해당하는 내용이다(상호간에 설정한 일련의 보안 알고리즘을 비교하겠다는 의미다).

IKE 2단계 내용을 보면 **esp-3des**에서와 같이 ESP 방식을 이용해 기밀성을 구현할 때 3DES 알고리즘을 이용한다. 또한 무결성과 인증과 관련해서는 **esp-md5-hmac**처럼 설정했다. MD5 방식을 이용해 무결성을 구현하고 HMAC 방식을 이용해 인증을 수행하겠다는 의미다. HMAC 방식은 17장에서 무결성을 구현하기 위한 요약 함수를 인증 기능까지 확장한 기법이라고 설명한 적이 있다.

반면, IKE 1 단계에서 메인 모드가 아닌 **축약 모드**Aggressive Mode를 이용하고, ESP 방식이 아닌 AH 방식을 이용할 경우의 구성 내역은 예제 18-2와 같다.

```
crypto isakmp policy 10
encryption des
group 2
hash md5
```

```
authentication pre-share
lifetime 60
exit
crypto isakmp peer address 192.168.34.4 #축약 모드 설정 부분
set aggressive-mode password 1234
set aggressive-mode client-endpoint ipv4-address 192.168.23.2
exit
crypto ipsec transform-set COTI-VPN ah-md5-hmac #AH 설정 부분
exit
```

예제 18-2

해당 부분에 주석을 설정한 만큼 예제 18-1과 비교해 각자가 확인해 보기 바란다.

영화와 드라마로 보는 정보 보안 ❾

사회공학을 영화의 반전 기법으로
활용한 걸작 〈후 엠 아이〉

스위스 출신의 영화 감독 **바란 보 오다르**^{Baran bo Odar}의 〈후 엠 아이^{Who Am I}〉는 2014년에 개봉한 독일 영화다.

벤자민은 불우한 가정 환경에서 성장했다. 그가 어릴 적에 아버지는 가출했고 어머니는 자살했으며, 그를 보살피던 할머니마저 치매에 걸리고 말았다. 그는 사실상 고아나 마찬가지였고 친구와도 어울릴 수 없는 부적응자였다. 피자 배달원으로 근근이 하류 인생을 살아가는 그에게 유일한 즐거움은 바로 컴퓨터 해킹이었다. 14살 때부터 컴퓨터 언어를 배우고 시스템을 해킹하면서 그는 사이버 공간을 동경하기 시작했다. 사이버 공간에 빠지면 빠질수록 불행한 현실은 더욱 멀어져 갔다. 현실 세계에서 자신은 외톨이고 괴짜고 왕따였지만 가상 세계에서는 남들과 동등한 인격체인 'whoami'였다.

그러던 그에게 마침내 동경의 대상이 생겼다. MRX라고 불리는 해커. 모든 시스템을 무력화시키는 MRX에 대해 알려진 정보는 전무했다. MRX는 해커들에게 다음과 같이 말한다.

안전한 시스템은 없다. 불가능을 가능케 하라. 그리고 가상 공간과 현실 공간 모두를 즐겨라.

자신의 우상인 MRX의 말을 신념처럼 간직하며 생활하던 벤자민은 어느 날 어릴 적 짝사랑했던 마리와 우연히 재회한다. 그러나 현실에서 자신과 마리는 너무나 다른 위치에 있었다. 피자 배달원으로 근근이 살아가는 자신과 달리 마리는 학교 시험에 괴로워하는 여대생이었다. 그런 마리를 본 벤자민은 그녀가 다니는 대학교의 중앙 전산실에 잠입한다. 벤자민은 그녀에게 시험 문제를 건네주기만 하면 그녀에게 사랑 받을 수 있다고 믿었기 때문이다. 그러나 결과는 허망했다. 현장에서 경비원에게 발각된 것이다.

판사로부터 사회 봉사 명령 50 시간을 선고 받고 환경 미화에 나선 벤자민은 그 곳에서 맥스와 처음 만난다. 그리고 맥스는 벤자민에게 스테판과 파울을 소개해 준다. 사회공학 전문가인 맥스와 소프트웨어 전문가인 스테판 그리고 하드웨어 전문가인 파울 모두 벤자민처럼 MRX를 동경하는 반항아들이었다. 맥스의 패거리로부터 실력은 인정 받은 벤자민은 이들과 의기투합해 '클레이Clowns Laughing At You'라는 해킹 조직을 결성한다. 클레이의 목표는 단 하나. 바로 MRX로부터 인정받는 것이다.

클레이는 극우 단체의 집회 현장을 해킹하는 일에서부터 시작해 방송국과 제약사 등을 해킹하면서 그 존재를 세상에 알리기 시작했다. 신문과 방송에서 연일 클레이를 보도하면서 대중적인 관심을 불러 일으키고 있었지만 정작 MRX는 클레이를 조롱할 뿐이었다. 이에 벤자민은 동료들에게 대담한 계획을 제안한다. 바로 연방정보국 해킹. 벤자민 일행은 가까스로 프린터의 취약점을 이용해 연방정보국을 조롱하는 내용을 무제한 출력시키는 데 성공한다. 그러나 연방정보국 해킹은 클레이가 감당할 수 없을 만큼 일파만파로 번지는 비극적 사건으로 발전한다.

혹자는 〈후 엠 아이〉를 반전이 강한 범죄 영화로만 보는 시각이 있다. 그러나 〈후 엠 아이〉는 무엇보다 해커 영화다. 그것도 사회공학을 전면에 부각시킨 아주 사실적인 해커 영화다. 대중들에게 해킹은 고급 기술로 무장한 해커가 그저 온라인 앞에 앉아 키보드와 마우스를 이리저리 움직일 때 이루어지는 예술로 생각한다. 〈블러디 먼데이〉와 같은 작품에서 그런 장면만 보여줬기 때문이다. 그러나 이것은 현실 세계의 해킹을 무시한 명백한 조작일 뿐이다.

그렇다면 사회공학이란 무엇일까? 영화 초반부에서 맥스는 다음과 같이 말한다.

보안에서 가장 큰 취약점은 프로그램이나 서버에 있는 것이 아니다. 보안의 주요 결함은 바로 사람에게 있다. 그래서 사회공학이야말로 가장 효과적인 해킹 방법이다.

맥스의 대사처럼 사회공학이란 인간의 정신과 심리 등에 기반해 신뢰 관계를 형성한 뒤 상대방을 기망해 비밀 정보를 획득하는 기법을 말한다. 보안 장비들이 발전하면서 점차 기술적인 공격이 어렵기 때문에 공격자들은 사회공학에 집중하기 시작했다. 사회공학은 사이버 보안에서 가장 약한 연결 고리에 속하는 사람을 대상으로 수행하기 때문에 방어하기가 무척 어렵다. 벤자민 일행이 신분증을 위조해 극우 단체의 집회 현장에 들어가는 장면이나 악성 코드를 첨부한 이메일을 연방 정보국 직원에게 발송하는 장면이나 벤자민이 지갑을 흘린 방문객으로 위장해 경비원을 속이고 유럽 경찰 본부에 잠입하는 장면 등이 모두 사회공학에 해당한다.

그러나 바란 보 오다르 감독은 단순히 사회공학의 일례만을 나열해 주는 것이 아니라 사회공학을 영화의 반전에 접목시키는 탁월한 수완을 발휘했다. 감독의 놀라운 한 수 덕분에 〈후 엠 아이〉는 해커 영화로서는 드물게 작품성과 대중성에서 모두 성공할 수 있었다. 이런 점에서 볼 때 사회공학의 대가인 케빈을 주인공으로 한 **〈테이크다운〉**이 흥행과 평가에서 실패한 것은 역설적이다.

영상 기교 역시도 탁월하다. 감독은 모니터 화면에서 일어나는 동작을 지하철 같은 공간에 투영시켜 관객의 머리에 사이버 공간을 더욱 구체적으로 형상화시켜준다. 사이버 공간에서 MRX가 벤자민의 복면을 벗기면 다시 복면이 나오고 다시 벗기면 또 다른 복면이 나오는 장면이 영화 후반부에 나온다. 익명성을 철저히 보장하는 다크넷^{Darknet} 공간을 상징적으로 보여주는 연출이다. 특히 가상 공간에서 벤자민이 프렌즈(FR13NDS)에서 암약하는 MRX의 가면을 벗기는 모습과 현실 공간에서 미국 경찰에게 체포당하는 MRX의 모습이 겹치는 장면이 무척 인상적이다.

뿐만 아니라 현실 공간과 가상 공간 모두에서 투명 인간이기를 갈망하는 벤자민의 모습을 통해 감독은 거미줄처럼 복잡하게 얽힌 인터넷 세상에서 인간의 존재는 과연 무엇인가라는 질문을 관객들에게 던지기까지 한다.

⑲

보안 장비에 대한 이해

방화벽^{firewall}이란 외부망과 내부망 사이에서 미리 설정한 규칙에 따라 특정한 패킷을 차단하거나 허용하는 소프트웨어 설정 또는 하드웨어 장비를 **의미**한다. 이처럼 방화벽은 보안 정책상 예방 통제를 구현하기 위한 대표적인 장치다. **예방 통제란 악성 코드 등을 사전에 차단함으로써 내부 전산 자원을 보호하겠다는 개념**이다.

방화벽은 외부에서 내부로 접근하는 패킷을 대상으로 **제어를 수행**하거나, 로깅^{Logging} 등을 추적하며 응용 계층 수준에서 **인증 기능 등을 수행**하기도 한다.

방화벽은 네트워크 계층과 전송 계층에 기반한 **ACL**^{Access Control List} **방식**과 응용 계층에 기반한 **ALG**^{Application Level Gateway} **방식** 등으로 구분할 수 있다. ACL 방식을 **패킷 필터링** ^{Packet Filtering} **방식**이라고도 하며, 방화벽에서 가장 기본적인 방식에 해당한다. ACL 방식은 단순히 출발지 IP 주소에 기반한 **표준 ACL 방식**^{Standard Access Control List}과 출발지 · 목적지 IP와 출발지 · 목적지 포트 번호 등에 기반한 **확장 ACL 방식**^{Extended Access Control List}으로 나눌 수 있다.

SQL 삽입 공격 등을 차단하기 위한 **웹 방화벽**은 대표적인 ALG 방화벽이라고 할 수 있다. ALG 방화벽을 **프록시 방화벽**이라고도 한다.

한편 방화벽에는 **상태 기반 감시**^{stateful inspection} 기능이 있어 내부에서 외부로 나갔다 되돌아오는 이른바 **리턴 패킷**^{return packet} 여부를 추적한다. 상태 기반 감시 기능은 방화벽 기능에 있어 상당히 중요하다. 왜냐하면 방화벽은 외부로부터 들어오는 접근을 기본적으로 차단하는 장비인데 상태 기반 감시 기능이 없다면 내부에서 외부로 나갔다 다시 내부로 돌아오는 ICMP 요청과 응답이 막히기 때문이다. 또한 내부에서 외부로 시도하는 TCP 3단계 연결 설정도 막힐 수밖에 없다. 왜냐하면 내부에서 나간 SYN 신호에 대한 응답으로 외부에서 들어오는 ACK · SYN 신호 역시도 방화벽에서 차단하기 때문이다.

이처럼 상태 기반 감시 기능은 내부에서 외부로 나간 패킷 등을 **상태 흐름 테이블**에 기록한 다음 외부에서 들어오는 패킷과 비교해 상태 흐름 테이블에 없는 패킷은 차단하고 상태 흐름 테이블에 있는 패킷을 허용함으로써 리턴 패킷을 관리한다. UDP 기반의 DNS 서비스처럼 플래그 항목이 없는 경우라면 **타임아웃** 기능을 통해 내부에서 외부로 나간 뒤 일정 시간이 흘러도 응답이 없다면 이후 외부에서 들어오는 패킷을 차단하는 방식을 이용한다.

통신 장비 업체로 유명한 시스코 시스템즈^{Cisco Systems}에서 판매하는 라우터 장비는 기본적으로 표준 · 확장 ACL 방식을 지원한다. 이러한 기능을 통해 TCP/IP 기반의 취약점을 이용한 공격을 어느 정도 방어할 수 있다. 물론 IP와 포트 번호 같은 주소 기반이기 때문에 응용 계층에서 분석이 가능한 악성 코드 또는 SQL 삽입 공격 등은 방어하기 힘들다. 몇 가지 일례를 통해 ACL 방식을 확인해보겠다.

```
R2(config)#access-list 150 deny ip 10.2.1.0 0.0.0.255 any log
R2(config)#access-list 150 deny ip 127.0.0.0 0.255.255.255 any log
R2(config)#access-list 150 deny ip 0.0.0.0 0.255.255.255 any log
R2(config)#access-list 150 deny ip 172.16.0.0 0.15.255.255 any log
R2(config)#access-list 150 deny ip 192.168.0.0 0.0.255.255 any log
R2(config)#access-list 150 deny ip 224.0.0.0 15.255.255.255 any log
R2(config)#access-list 150 deny ip host 255.255.255.255 any log
R2(config)#access-list 150 permit ip any 10.2.1.0 0.0.0.255
R2(config)#interface e0/0
R2(config-if)#ip access-group 150 in
R2(config-if)#exit
```

그림 19-1

그림 19-1에서 deny ip 뒤에 나오는 IP 주소를 확인해보면 모두 **사설 IP 주소**이거나
D 클래스에서 사용하는 IP 주소임을 알 수 있다. 인터넷 공간에서 사용할 수 없는 주소
들이다. 이는 출발지 IP 주소를 사설 IP 주소로 사용하는 패킷을 차단하겠다는 의미다.
그렇지만 그림 10-13과 같이 공격자가 임의의 공인 IP 주소를 생성해 공격을 시도한다
면 이러한 설정은 사실상 무의미하다. 패킷 필터링의 한계라고 할 수 있다.

```
R2(config)#access-list 111 deny ip any host 10.2.1.255 log
R2(config)#access-list 111 permit ip any 10.2.1.0 0.0.0.255 log
R2(config)#access-list 112 deny ip any host 10.1.1.255 log
R2(config)#access-list 112 permit ip any 10.1.1.0 0.0.0.255 log
R2(config)#interface e0/0
R2(config-if)#ip access-group 111 in
R2(config-if)#end
R2(config)#interface e0/1
R2(config-if)#ip access-group 112 in
R2(config-if)#end
```

그림 19-2

ICMP **스머핑 공격의 특징**은 host 10.2.1.255 또는 host 10.1.1.255 같이 목적지 IP
주소에 **브로드캐스트 IP 주소**가 있다는 점이다. 그림 19-2는 이러한 공격을 차단하기
위해 목적지에 설정한 브로드캐스트 IP 주소가 있다면 이를 거부하도록 설정한 내용
이다.

주의할 점은 10.2.1.0 0.0.0.255 또는 10.1.1.0 0.0.0.255 같은 설정을 **와일드카드 마스크**^{wildcard mask}라고 한다는 점이다. **와일드카드 마스크**는 시스코 장비에서 방화벽 설정 등을 위한 형식이기 때문에 제조사마다 형식이 다르다. 와일드카드 마스크는 형식상 서브넷 마스크의 역순으로 **IP 주소의 차단이나 허용 범위를 정하는 용도로 사용**한다는 점만 기억하기 바란다.

```
R2(config)#access-list 112 deny icmp any any echo log
R2(config)#access-list 112 deny icmp any any redirect log
R2(config)#access-list 112 deny icmp any any mask-request log
R2(config)#access-list 112 permit icmp any 10.2.1.0 0.0.0.255
R2(config)#interface e0/0
R2(config-if)#ip access-group 112 in
R2(config-if)#end
```

그림 19-3

그림 19-3에서 `permit icmp any 10.2.1.0 0.0.0.255` 부분이 보인다. 다시 말해, 10.2.1.0/24 대역에 한해서만 ICMP 기능을 사용하고 나머지 모든 IP 대역에 대해서는 ICMP 기능을 중지하겠다는 의미다.

ACL 방식은 이러한 기본적인 기능 외에도 동적인 **ACL 기법·반사 ACL 기법·시간 기반 ACL 기법** 등의 기능도 있다.

동적인 ACL 기법이란 그림 19-4에서와 같이 **원격 접속자가 해당 라우터에 텔넷 접속을 통해 인증에 성공하면 내부 자원에 접근을 허용하는 기법**이다.

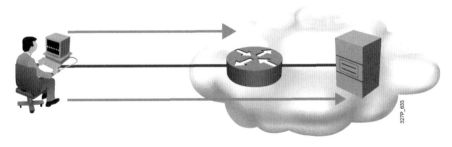

그림 19-4

반사 ACL 기법이란 ACL 방식으로 구현한 일종의 **상태 기반 감시 기능**이다. 그림 19-5와 같이 **외부로부터 들어오는 접속은 차단하지만 내부 사용자에 의한 응답으로 돌아오는 접속은 허용**하는 기법이다.

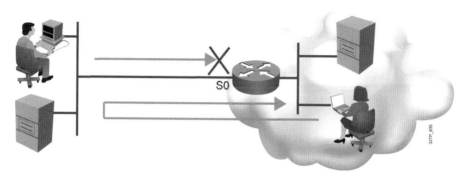

그림 19-5

시간 기반 ACL 기법이란 **일정한 시간 동안만 접속을 허용**하는 기법이다. 그림 19-6에서와 같이 근무 시간 중에는 웹 서버에 접속할 수 있지만 근무 시간이 끝나면 더 이상 접속할 수 없도록 설정할 수 있다.

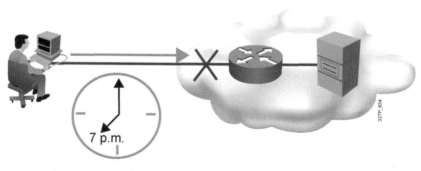

그림 19-6

한편, 소프트웨어 설정을 통한 방화벽은 주요한 운영체제에서 기본으로 제공한다. 윈도우 운영체제의 경우 윈도우 방화벽이 있고, 리눅스 기반의 운영체제에서는 IPTables라는 방화벽을 기본적으로 제공한다. IPTables는 3 · 4계층 기반의 방화벽으로서 상태 기반 감시 기능을 제공할 뿐만 아니라 NAT 기능도 제공한다.

IPTables에서는 체인chain이라는 용어를 사용하는데 인풋 체인input chain이란 방화벽을 목적지로 설정해 이동하는 경로를 의미하고, 아웃풋 체인output chain이란 방화벽을 출발지로 설정해 이동하는 경로를 의미하며, 포워드 체인forward chain이란 방화벽을 통과하거나 경유해 이동하는 경로를 의미한다.

예제 19-1에서 `iptables -L` 명령어를 입력하면 필터 테이블 설정 상태를 확인할 수 있고, `iptables -L -t nat` 명령어를 입력하면 NAT 테이블 설정 상태를 확인할 수 있다. 이 중에서 필터 테이블은 IPTables의 핵심적인 테이블로서, 사용자가 설정한 패킷 필터링 내용을 저장하는 테이블이다. 필터 테이블과 NAT 테이블을 초기화할 경우 `iptables -F` 명령어와 `iptables -F -t nat` 명령어를 각각 입력한다.

```
root@debian:~# iptables -L

Chain INPUT (policy ACCEPT)
target     prot opt source               destination
Chain FORWARD (policy ACCEPT)
target     prot opt source               destination
Chain OUTPUT (policy ACCEPT)
target     prot opt source               destination

root@debian:~# iptables -L -t nat

Chain PREROUTING (policy ACCEPT)
target     prot opt source               destination
Chain INPUT (policy ACCEPT)
target     prot opt source               destination
```

```
Chain OUTPUT (policy ACCEPT)
target     prot opt source              destination
Chain POSTROUTING (policy ACCEPT)
target     prot opt source              destination
```

예제 19-1

방화벽 장비 다음으로 **침입 탐지 장비**intrusion detection system와 **침입 방지 장비**intrusion protection system가 있다. 침입 탐지 장비와 침입 방지 장비는 실과 바늘의 관계처럼 기계적으로 분리해 사용할 수 있는 상비가 아니라 연동해 사용하는 장비다. **바이러스 백신이 수행하는 탐지와 차단 기능을 분리해서 구현한 장치**라고 할 수 있다.

침입 탐지 장비란 일정한 탐지 규칙에 따라 기존의 공격 유형을 탐지하면 정보를 안전한 공간으로 전환하면서 이동 전화 또는 전자 우편 등으로 관리자에게 해당 내용을 즉시 전송하고 공격자에게 경고를 통보하지만, 방화벽과 달리 접근 권한 제어 또는 인증 기능이 없는 소프트웨어 또는 하드웨어 장비다. 바이러스 백신의 구동 원리가 **기존의 악성 코드 견본을 수집한 뒤 자체 데이터베이스에 저장**해 악성 코드 여부를 판단하는 것처럼 침입 탐지 장비 역시 동일한 구조로 동작한다. 다만 소프트웨어로 구현한 바이러스 백신보다 규모가 큰 영역에서 좀 더 정교한 탐지 기능을 수행할 수 있다. 만약 차단 기능까지 있다면 탐지와 동시에 차단 기능까지 수행한다. 일부 방화벽에서는 이런 기능을 모두 포함한 경우도 있다.

바이러스 백신을 사용하면서 업데이트를 소홀히 할 경우 새로운 악성 코드를 감지할 수 없는 것처럼, 침입 탐지 장비 역시 악성 코드 유형을 저장한 엔진의 업데이트가 사활이라고 할 수 있겠다.

악성 코드를 탐지하는 방법에는 **서명 기반 탐지 기법 · 정책 기반 탐지 기법 · 이상 기반 탐지 기법 · 유인 기반 탐지 기법** 등이 있다. 이 중에서 서명 기반 탐지 기법은 악성 코드를 탐지하는 데 있어 가장 일반적인 기법이다.

서명 기반 탐지 기법은 악성 코드 유형을 사전에 등록해 탐지를 수행하기 때문에 정확한 탐지가 가능하다. 바이러스 백신 역시 이러한 기법에 기반한다. 그렇지만 새로운 악성 코드인 경우에는 탐지할 수 없기 때문에 보안에 치명적일 수 있다는 단점이 있다.

한편, 침입 탐지 장비를 운영하면서 주의할 점은 오탐False Positive이나 미탐False Negative 같은 탐지 오류 증상이라고 할 수 있다. 오탐이란 정상적인 유형을 악의적인 유형으로 오판하는 경우에 해당한다. 일시적인 접속 폭주를 DDoS 공격으로 판단하는 경우가 오탐에 해당한다. 미탐이란 악의적인 유형을 정상적인 유형으로 오판하는 경우에 해당한다. 새로운 악성 코드를 개발해 침입 탐지 장비를 통과하는 경우가 미탐에 해당한다.

아울러 19장에서 소개한 보안 장비 중 IDS/IPS에 대한 자세한 내용을 알고자 한다면 나의 공저 『우분투 리눅스 기반의 IDS/IPS 설치와 운영』 등을 참고하기 바란다.

⑳ OSI 참조 모형과 IPv6 헤더의 이해

4계층 구조로 이루어진 TCP/IP 방식과 달리 OSI 방식은 그림 20-1과 같이 7계층 구조로 이뤄져 있다.

계층 구분	해당 계층에 속하는 프로토콜 종류
응용	FTAM와 X.400와 X.500 등
표현	
세션	
전송	TP0과 TP1과 TP2와 TP3과 TP4 등
네트워크	CLNP 등
데이터 링크	이더넷과 PPP 등
물리	기계적 · 전기적 · 기능적 · 절차적 기능

그림 20-1

그림 20-1과 같이, TCP/IP 방식에는 **표현 계층**과 **세션 계층**이 없다. OSI 방식에서만 나타나는 고유한 계층이다. 각 계층에서 수행하는 기능은 다음과 같다.

응용 계층에서는 TCP/IP 방식의 응용 계층처럼 **전송 데이터**(페이로드)**를 생성**한다. 이때의 전송 단위를 L7PDU라고 한다.

표현 계층에서는 응용 계층에서 생성한 L7PDU **데이터를 압축하고 암호화**한다. 이때의 전송 단위를 L6PDU라고 한다.

세션 계층에서는 **송신자와 수신자 사이의 동기화를 수행**한다. 세션 계층에 이르면 비로소 송신자와 수신자 모두 통신이 가능한 상태로 변환한다. 이때의 전송 단위를 L5PDU 라고 한다.

전송 계층에서는 TCP 기능과 유사하게 송신자와 수신자가 신뢰성 있는 **데이터를 주고 받을 수 있도록 일련의 제어 기능을 수행**한다. 이때의 전송 단위를 L4PDU라고 한다.

네트워크 계층에서는 CLNP^{ConnectionLess Network Protocol}에 기반해 일련의 라우팅 기능을 수행한다. 이때의 전송 단위를 L3PDU라고 한다. 또한 라우팅 기능을 수행하기 위해 사용하는 주소를 CLNS^{Connectionless Network Services} **주소** 또는 NSAP^{Network Service Access Point} **주소**라고 한다. IPv4 **주소** 또는 IPv6 주소에 해당하는 개념이다.

데이터 링크 계층에서는 **LAN 영역에서 송신자와 수신자가 신뢰성 있는 데이터를 주고받을 수 있도록 일련의 제어 기능을 수행**한다. 이때의 전송 단위를 L2PDU라고 한다.

물리 계층에서는 하드웨어 전송, 다시 말해 **기계적·전기적·기능적·절차적 기능을 수행**한다. 이때의 전송 단위를 L1PDU라고 한다.

또한 OSI 방식의 계층적 구조에 따라 **허브**를 **L1 장비**라고 부르고 **스위치**를 **L2 장비**라고 부르고 **라우터**를 **L3 장비**라고 부른다.

한편, IPv6 주소는 1990년대부터 IPv4 부족과 그에 따른 고갈에 직면하면서부터 연구를 시작했다. IPv4 주소의 할당은 2011년 전후로 사실상 끝이 났다. 따라서 IPv6 주소의 상용화 계획도 더욱 빨라질 전망이다.

IPv6 주소의 사용 범위는 사이버 공간뿐만 아니라 사물에도 이식이 가능하기 때문에 본격적인 **사물 인터넷**[IoT] **시대**를 준비하는 데 있어 필수적인 기반 기술일 수밖에 없다.

32 비트 체계의 IPv4 주소는 **100.100.100.100**과 같이 **10진법**으로 표기하지만 128 비트 체계의 IPv6 주소는 **1234:5678:9abc:de12:3456:789a:bcde:1234**와 같이 **16진법**으로 표기한다. 표기법뿐 아니라 그림 20-2처럼 IPv6 헤더의 구조도 기존의 IPv4 헤더 구조와 많은 차이를 보인다.

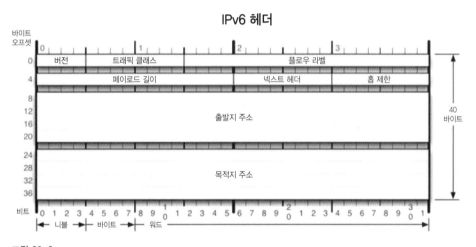

그림 20-2

그림 10-1과 비교해 볼 때 그림 20-2는 무척 단순하게 보인다. IPv4 헤더의 많은 항목들이 IPv6 헤더에서는 추가 기능으로 빠졌기 때문이다.

먼저 가변적인 IPv4 헤더 크기와 달리 IPv6 헤더 크기는 **40 바이트**로 고정적이다.

버전^{Version} 항목의 크기는 기존 IPv4 헤더의 버전 항목과 마찬가지로 4비트 크기를 이룬다. IPv4 주소라면 4가 들어가겠지만 IPv6 주소이기 때문에 6이 들어간다.

버전 항목 다음에 나오는 8비트 크기의 **트래픽 클래스**^{Traffic Class} 항목에는 **개별 패킷의 우선 순위 정보를 저장**한다. IPv4 헤더의 ToS 항목 기능과 유사한다.

트래픽 클래스 항목 다음에 나오는 20비트 크기의 **플로우 라벨**^{Flow Label} 항목에는 **전체 패킷의 우선 순위 정보를 저장**한다. 기존의 IPv4 환경에서는 세그먼트 또는 데이터그램 헤더의 포트 번호를 이용해 해당 패킷의 속성을 식별했지만 IPv6 환경에서는 플로우 라벨 항목으로 식별해 특정 서비스 전체의 우선 순위 정보를 저장한다. 다시 말해, **트래픽 클래스 항목은 개별 패킷에 대한 우선 순위 정보를 저장**하지만 **플로우 라벨 항목은 특정 서비스 전체에 대한 우선 순위 정보를 저장**한다. 또한 **플로우 라벨 항목은 IPv6 헤더의 고유한 기능**이기도 하다.

플로우 라벨 항목 다음에 나오는 16비트 크기의 **페이로드 길이**^{Payload Length} 항목에는 기본 헤더의 크기를 제외한 확장 헤더의 크기와 페이로드 데이터의 크기를 저장한다. **IPv4 전체 길이**^{Total Length} **항목 기능과 유사**하다.

페이로드 길이 항목 다음에 나오는 8비트 크기의 **넥스트 헤더**^{Next Header} 항목에는 상위 프로토콜의 식별자와 확장 헤더의 종류를 저장한다. **IPv4 헤더의 프로토콜 항목 기능과 유사**하다.

넥스트 헤더 항목 다음에 나오는 8비트 크기의 **홉 제한**^{Hop Limit} 항목에는 패킷이 통과할 수 있는 최대 라우터의 갯수를 저장한다. IPv4 헤더의 생존 시간^{TTL} 항목의 기능과 유사하다.

홉 제한 항목 다음에 나오는 **출발지 주소 항목**과 **목적지 주소 항목**은 각각 128비트다. IPv6 주소가 128비트 체계인 이유이기도 하다.

치밀한 고증을 통해
완성도를 높인 드라마 〈미스터 로봇〉

엘리엇은 올세이프^{AllSafe} 회사의 직원이다. 어느 날 올세이프의 최대 고객인 이블^{E-Corp} 회사에 DDoS 공격이 일어난다. 이블 사는 전 세계 신용 산업의 70%를 담당하는 거대 기업이기도 했다. 과부하로 서버의 동작이 전면 마비에 빠지려는 순간 엘리엇의 활약으로 DDoS 공격을 가까스로 차단한다. 엘리엇은 해당 서버를 점검하던 중 루트킷을 발견한다. 거기에서 그는 에프소사이어티^{FSociety}의 존재를 알았다. 자신을 지우지 말라는 로그 파일의 주석 내용을 보고 그는 루트킷을 그대로 둔다. 그리고 그에게 미스터 로봇이라는 남자가 나타난다. 그리고 그는 엘리엇에게 이블 사를 응징해 세상을 구하자고 제안한다. 그가 바로 이블 사의 서버에 루트킷을 설치했던 에프소사이어티의 지도자였던 것이다.

사실 이블 사는 엘리엇에게 증오의 대상이기도 했다. 그의 아버지가 이블 사에서 근무하던 중 백혈병으로 사망했기 때문이다. 아버지를 잃은 뒤 어머니로부터 학대를 받으며 성장하는 동안 그는 대인 기피증과 정신 분열증을 앓기 시작했다. 자신의 이러한 불행은 결국 이블 사로부터 시작했다는 것을 깨달은 엘리엇은 에프소사이어티의 일원이 되기로 결심한다. 당시 미스터 로봇은 스틸 마운틴(오프라인 정보 백업 저장소)에 저장한 이블 사의 백업 시스템을 삭제할 계획을 세우고 있던 중이었다. 이에 엘리엇은 온도 조절 장치를 해킹해 백업 테이프를 녹이는 방법을 떠올린다.

〈미스터 로봇〉은 미국의 모 방송국에서 방영한 10부작 드라마다. 방영 당시 시청자들의 호응이 좋아 2016년에는 후속편까지 방영했다.

엘리엇의 주요 활동 공간인 뉴욕은 전세계 금융의 중심지다. 거대한 부가 오고 가는 도시에서 엘리엇은 낮에는 사이버 보안 기술자로 일하지만 밤에는 사이버 자경단원으로 살아간다. 낮과 밤에 따라 역할이 바뀌는 엘리엇의 신분은 어쩌면 해리성 정체 장애에 시달리는 주인공의 내면을 외적으로 형상화시킨 연출로 볼 수 있다. 마치 0과 1로 움직이는 가상의 공간 그리고 진짜와 거짓으로 돌아가는 현실의 공간을 반영한 것처럼 말이다.

중세 유럽의 수도사와 같은 검은 후드 코트 차림과 우울하고 침울한 그러면서도 어딘지 모르게 폐쇄적이고 퇴폐적인 듯한 눈빛의 엘리엇. 그런 엘리엇을 연기한 **라미 말렉** Rami Malek에게 2016년 드라마 남우 주연상이 돌아간 것은 너무나 당연한 결과다.

〈미스터 로봇〉은 빈부의 격차와 음모와 부정 부패 등으로 얼룩진 불안과 혼돈의 현실을 정신 분열에 시달리는 해커의 눈에서 바라보는 사회 비판적 드라마이기 때문에 가볍게 즐길 수 있는 드라마는 아니다. 주인공의 다중 인격 장애가 드라마의 주요한 축을 이루다 보니 허상과 실상이 무수히 교차하면서 극중 전개가 이루어지는 심리극이기 때문이다. 극중에서 종종 보여주는 선정적이고 폭력적인 장면 역시도 드라마 접근을 무겁게 한다.

그럼에도 불구하고 많은 보안 전문가들이 〈미스터 로봇〉을 주목하는 이유는 치밀한 고증을 거친 해킹 장면들 때문이다. 이전의 모든 해커 드라마와 영화를 섭렵한 듯 〈미스터 로봇〉에서는 아주 다양한 해킹 기법을 보여준다. 그것도 단순히 키보드 작업만으로 공격 대상자를 공략하는 기법이 아니라 현실 세계에서 실제 해커들이 구사하는 도구들을 이용해 해킹하는 과정을 매우 구체적으로 보여준다. 특히 칼리 리눅스를 이용한 출연자들의 해킹 장면들은 〈미스터 로봇〉에서 백미를 이룬다. 마치 드라마가 칼리 리눅스를 위한 홍보물이 아닌가라는 착각이 들 정도다. 실제로 드라마를 매회 방송할 때마다 인터넷에는 드라마에서 사용한 도구들을 소개하는 글들이 많이 올라오고는 했다.

www.hackerslab.org/geek/mr-robot-season-1/

심지어 주인공이 사용했던 사용한 무차별 대입 공격 도구까지 등장했다.

github.com/MrMugiwara/elpscrk

〈미스터 로봇〉이 전 세계 보안 전문가들에게 얼마나 관심 받은 작품인가를 방증하는 일례가 아닐 수 없다. 물론 사실적인 기법을 이용했다 해도 드라마 속 해킹 기법을 맹신하는 우를 범해서는 안 된다.

바란 보 오다르의 〈후 엠 아이〉라는 독일 영화와 비교하면서 감상한다면 더욱 재밌는 드라마가 아닐까 싶다.

| 찾아보기 |

해킹 입문자를 위한 TCP/IP 이론과 보안 2/e

모의 침투 입문자를 위한 필독서

초판 인쇄 | 2019년 7월 31일
2쇄 발행 | 2021년 9월 13일

지은이 | 오 동 진

펴낸이 | 권 성 준
편집장 | 황 영 주
편 집 | 이 지 은
        김 진 아
디자인 | 윤 서 빈

에이콘출판주식회사
서울특별시 양천구 국회대로 287 (목동)
전화 02-2653-7600, 팩스 02-2653-0433
www.acornpub.co.kr / editor@acornpub.co.kr

이 도서의 국립중앙도서관 출판시도서목록(CIP)은 서지정보유통지원시스템 홈페이지(http://seoji.nl.go.kr)와
국가자료공동목록시스템(http://www.nl.go.kr/kolisnet)에서 이용하실 수 있습니다.(CIP제어번호: CIP2019028552)

책값은 뒤표지에 있습니다.